阳光的味道

曹文轩 编

山东画报出版社

图书在版编目（CIP）数据

阳光的味道 / 曹文轩编. --济南: 山东画报出版社, 2021.6
（语文第二课堂：拓展阅读版）
ISBN 978-7-5474-3852-7

Ⅰ.①阳… Ⅱ.①曹… Ⅲ.①阅读课－小学－课外读物
Ⅳ.①G624.233

中国版本图书馆CIP数据核字(2021)第069038号

YANGGUANG DE WEIDAO
阳光的味道
（语文第二课堂：拓展阅读版）
曹文轩　编

责任编辑　张桐欣
封面设计　王　芳　李　娜
插画绘制　黄　捷

出 版 人　李文波
主管单位　山东出版传媒股份有限公司
出版发行　山东画报出版社
　　　　　　社　　　址　济南市市中区英雄山路189号B座　邮编 250002
　　　　　　电　　　话　总编室（0531）82098472
　　　　　　　　　　　　市场部（0531）82098479　82098476（传真）
　　　　　　网　　　址　http://www.hbcbs.com.cn
　　　　　　电子信箱　hbcb@sdpress.com.cn
印　　刷　山东新华印务有限公司
规　　格　165毫米×235毫米　1/16
　　　　　　12印张　50幅图　130千字
版　　次　2021年6月第1版
印　　次　2021年6月第1次印刷
书　　号　ISBN 978-7-5474-3852-7
定　　价　180.00元（全六册）

如有印装质量问题，请与出版社总编室联系更换。

序　言

　　无论是中国的语文教学大纲、课程标准还是国外的语文教学大纲、课程标准，也无论是哪一时代的语文教学大纲、课程标准，都无一例外地将学习语文的目的确定为：培养学生的语言文字表达能力。相对于"人文性"这一概念，我们将这一点说成是语文的"工具性"。这么说没有问题——问题是我们对"工具性"的理解是不够的。在我们的感觉中，"工具性"似乎是一个与"人文性"在重要性上是有级别差异的概念。我们在说到"工具性"时往往都显得不那么理直气壮，越是强调这一点就越是觉得它是一个矮于"人文性"的观念，只是我们不得不说才说的。其实，这里的"工具性"至少是一个与"人文性"并驾齐驱的概念。离开语言文字，讨论任何问题几乎都是没有意义的。另外我们有没有注意到，语言文字根本上也是人文性的。难道不是吗？二十世纪哲学大转型，就是争吵乃至恶斗了数个世纪的哲学忽于一天早晨都安静下来面对一个共同的问题：语言问题。哲学终于发现，所有的问题都是通向语言的。不将语言搞定，我们探讨真理几乎就是无效的。于是语言哲学成为几乎全部的哲学。一个个词，一个个句子，不只是一个个词，一个个句子，它们是存在的状态，是存在的结构。海德格尔、萨特、加缪、维特根斯坦等，将全部的时间用在了语言和与语言相关的问题的探讨上。甚至一些作家也从哲学的角度思考语言的问题，比如米兰·昆德拉。他写小说的思路和方式很简单，就是琢磨一个个词，比如"轻"，比如"媚俗""不朽"等。他告诉我们，一部小说只需要琢磨一两个词就足够了，因为所有的词都是某种存在状态，甚至是存在的基本状态。

从前说语言使思想得以实现，现在我们发现，语言本身就是思想，或者说是思想的产物。语言与思维有关。语言与认知这个世界有关，而认知之后的表达同样需要语言。语言直接关乎我们认知世界的深度和表达的深刻。文字使一切认识得以落实，使思想流传、传承成为可能。

从这个意义上说，语言文字能力，是一个健全的人的基本能力。而语文就是用来帮助人形成并强化这个能力的。为什么说语文学科是一切学科的基础，道理就在于一个人无论从事何种职业，都必须以很好的语言文字能力作为前提。因为语言文字能力与认知能力有关。

但要学好语文，只依赖于语文教科书恐怕是难以做到的。

语文教科书只是学好语文的一部分，甚至说是很有限的一部分。语文教学是语文学习的引导，老师们通过分析课文，让学生懂得如何阅读和分析课文，如何掌握语言文字去对世界进行思考和如何用语言文字去表述这个世界。但几本语文教科书能够提供给学生的学习文本是十分有限的，仅凭这些文本，要达到理想的语文水平是根本不可能的。语文能力的形成和语文水平的提高，必须建立在广泛而深入的课外阅读上——语文教材以外的书籍阅读上。许多年前我就和语文老师们交谈过：如果一个语文老师以为一本语文教材就是语文教学的全部，那么，要让学生学好语文是不可能的。从讲语文课而言，语文老师也要阅读大量教材以外的书籍，因为攻克语文这座山头的力量并不是来自语文教科书本身，而是来自其他山头——其他书籍，这些山头屯兵百万，只有调集这些山头的力量才能最终攻克语文这座山头。对学生而言，只有进行广泛而深入的课外阅读，才能深刻领会语文老师对语文教科书中的文本讲解，才能让语文教科书发挥应有的作用。

人类历史数千年，写作作为一种精神活动的历史也已十分漫长，天下好文章绝不是语文教科书就能容纳下的。所以，我们只有以语文教科书为依托，尽可能地阅读课外的书籍。但问题来了：这世界上的书籍浩如烟海、满坑满谷，一个人是不可能将其统统阅读尽的，即便是倾其一生，也不可能；关键是这些书籍鱼龙混杂，不是每一本、每一篇都值得劳心劳力去阅读的。这就要由一些专门的读书人去为普通百姓选书，而对于中小学生而言，就更需要让有读书经验的人为他们选择书籍了，好让他们将宝贵的时间用在最值得阅读的书籍上。

对于小学生而言，自由阅读固然重要，但有指导的阅读同样重要，甚至说更加重要。这套书就是基于这样的理念编写成的。参与这套书编写的有专家学者，有一线的著名语文老师，我们的心愿是完全一致的：尽可能地将最好的文本集中呈现给孩子们，然后精心指导他们对这些文本加以阅读。从某种意义上说，这套书是因教科书而设置的语文课堂的延续和扩展——语文的第二课堂。

曹文轩

2019年4月29日于北京大学

目　录

沐浴着爱长大

阳光的味道

把我唱给你听

乘风破浪的少年

请让我拥抱你

探索生命的意义

打翻盛放童年的瓶子

打开彼此的心灵之窗

沐浴着爱长大

阳光的味道

导读

> 天空的色彩是蓝色，小草的色彩是绿色，夜晚的色彩是黑色，那么，生活的色彩是什么颜色呢？你想过这个问题吗？

生活的色彩是爱

［菲律宾］马　丁

爸爸，生活是什么色彩？

同树叶一样嫩绿？

和玉齿一样洁白？

还是像砖块似的殷红？

爸爸，生活是什么色彩？

爸爸，生活是什么色彩？

同山谷一样幽暗？

如黑夜漆黑一片？

还是像少女那绯红的脸蛋？

爸爸，生活是什么色彩？

孩子，生活的色彩，

既不是漆黑幽暗，

也不是殷红湛蓝，

更不像白鸽的羽毛，

孩子，生活的色彩是爱。

（兆和　译）

 牵手阅读

　　生活包含了一切，它既有树叶的嫩绿、玉齿的洁白、砖块的殷红，也有山谷的幽暗、黑夜的漆黑、少女脸蛋的绯红，可这些都不足以概括生活，它们都不是生活的色彩。真正让一颗心灵感受到万物之色的，是满满的爱，包括对人的爱、对生活的爱、对世界的爱。所以说，生活的色彩是爱。你同意这个观点吗？对于生活的色彩，你也可以展开想象，说出自己的答案。

妈妈的耳朵真奇怪，无论你到了哪里，她都能立刻听到你的呼唤，瞬间出现在你的身边。难道妈妈有超能力吗？

妈妈的耳朵

圣　野

妈妈的耳朵

特别灵，

好像装了

一部电话机。

妈妈在五楼，

我在楼下

轻轻地一叫，

妈妈就奔下来，

给我开了门。

沐浴着爱长大

妈妈在午睡，

我在楼下

轻轻地一叫，

妈妈又在

梦里面听到了，

妈妈很快

擦擦眼睛，

下来给我开了门。

我问妈妈：

有一天，

当我走远了，

走到天边边，

喊一声妈妈，

妈妈也能听到

女儿的呼唤吗?

妈妈微笑了一下，

悄悄地告诉我：

能!

 **牵手阅读**

这是一首非常优美的短诗，每一小节都有相似的句子，循环往复，让人印象深刻。每一次"我"呼唤妈妈，哪怕声音很小，妈妈都会立刻出现在"我"的身边。作者用"楼下""午睡"这样富有生活气息的场景，形象地描绘出妈妈对孩子的担心和关爱。小朋友，你的妈妈也有这样神奇的耳朵，或者其他的神奇之处吗？这需要你仔细观察妈妈的生活哦！

导读

"大"与"小"是我们刚开始学写字时就学会的字，这两个字不仅有表面上"大"与"小"的意思，还有更深层次的含义，让我们一起看看吧！

大小大

梅子涵

我在写字。大。你看大不大？

我还会写小。

妈妈说："这个小好大！"

那么我就把小写得小一点吧：小。

小是我，大是妈妈，大是爸爸。

大小大

妈妈说："等你长大了，就和大一样大了。"

大大小

"等我长得更大了，会比大更大吗？"

妈妈说："那肯定的啊！"

那么就会这样了，大大小。

那么我就站在当中，因为我要搀住爸爸妈妈走路。

大小大。

爸爸妈妈就不会摔跤了。

 **牵手阅读**

这篇故事的作者梅子涵是儿童文学作家，我们看到这篇他写的故事完全是以一个孩子的口吻叙述的，从孩子的眼光看"大"与"小"。故事由浅入深，孩子从"大小大"的字体变化中看到了自己的成长、父母的衰老。小朋友们，在你们的眼中，"大"和"小"有什么含义呢？"大"与"小"能够互相转化吗？

导读

说到"胡子",你会联想到什么呢?在这首小诗里,胡子是爸爸的象征。来看看诗里的"我"想成为一个什么样的爸爸吧。

等我也长了胡子

汤　锐

等我也长了胡子,

我就是一个爸爸,

我会有一个小小的儿子,

他就像我现在这么大。

我要跟他一起去探险,

看小蜘蛛怎样织网,

看小蚂蚁怎样搬家。

我一定不打着他的屁股喊:

"喂,别往地上爬!"

我要给他讲最有趣的故事，

告诉他大公鸡为什么不会下蛋，

告诉他小蝌蚪为什么不像妈妈。

我一定不对他吹胡子瞪眼：

"去去！我忙着哪！"

我要带他去动物园，

先教大狗熊敬个礼，

再教小八哥说句话。

我一定不老是骗他说：

"等等，下次再去吧！"

哎呀，我真想真想

快点长出胡子，

到时候，不骗你，

一定做个这样的爸爸。

阳光的味道

 牵手阅读

　　这一首儿童诗，语言生动风趣、自然活泼，讲出了"我"纯真的愿望，表达了孩子的情感需求和内心向往。希望所有的小朋友都能像作者一样热爱生活，勇敢地表达自己的想法和愿望。边读边想象"我"成为有胡子的爸爸之后的场景，你有什么想要达成的愿望吗？

冬天快到了，两只小熊正各自为冬眠做准备，它们为了让自己的手掌变得甜甜的，分别做了一件事，是什么呢？

甜甜的手掌

冰　波

住在北边的小黑熊，用大手掌把大苹果捏碎，揉呀，揉呀。小黑熊说："我要让手掌变得甜甜的，有股苹果味。"

住在南边的小棕熊，用大手掌把草莓捏碎，揉呀，揉呀。它说："我要让手掌变得甜甜的，有股草莓味。"

有了甜甜的手掌，两只小熊去冬眠。

小黑熊住进了一个大树洞里。

一会儿，小棕熊也住进了大树洞里。

两只小熊头碰着头，躺下来。

你看看我，我看看你，两只小熊都在想：是苹果味的好呢，还是草莓味的好呢？

小黑熊说："我的苹果味给你尝尝。"

沐浴着爱长大

小棕熊说："我的草莓味给你尝尝。"

舔着甜甜的手掌，两只小熊都睡着了。

 牵手阅读

一开始，两只小熊都是想着自己的需要，可是到后来，它们又共同分享了"甜甜的手掌"，既尝到了苹果味的香甜，也尝到了草莓味的甘美，在给予的同时有了新的收获。想想看，这个故事对你有什么启发？

把我唱给你听

导读

这是一首来自顾城的诗，这是对纯洁生活的渴望之歌，这是对现实世界的抵触之歌。让我们一起去聆听他想要表达的精神。

简 历

顾 城

我是一个悲哀的孩子

始终没有长大

我从北方的草滩上

走出，沿着一条

发白的路，走进

布满齿轮的城市

走进狭小的街巷

板棚，每颗低低的心

我在一片淡漠的烟中

继续讲绿色的故事

我相信我的听众

——天空，还有

海上迸溅的水滴

它们将覆盖我的一切

覆盖那无法寻找的

坟墓。我知道

那时，所有的草和小花

都会围拢，在

灯光暗淡的一瞬

轻轻地亲吻我的悲哀

 牵手阅读

　　这首《简历》一定程度上代表了顾城的生活之路和心路历程。从农村、"从北方的草滩上"走进"布满齿轮的城市"和"狭小的街巷"，但他拒绝成长、拒绝社会化，他的精神家园仍停留在远离人群和现代文明的大自然。这种追求一方面很美、很

纯净，但另一方面也应看到其不足。罗曼·罗兰曾说："世界上只有一种英雄主义，那就是看清了生活的真相后依然热爱着生活。"作者为什么以"简历"为题？谈谈你的理解。

导读

　　下面这首诗是诗人北岛1976年创作的一首朦胧诗，它标志着中国朦胧诗时代的开始。诗中展现了悲愤之极的冷峻，以坚定的口吻表达了对世界的怀疑。他质疑什么？他坚持的又是什么呢？

回　答

北　岛

卑鄙是卑鄙者的通行证，

高尚是高尚者的墓志铭，

看吧，在镀金的天空中，

飘满了死者弯曲的倒影。

冰川纪过去了，

为什么到处都是冰凌？

好望角发现了，

为什么死海里千帆相竞？

我来到这个世界上，

只带着纸、绳索和身影，

为了在审判之前，

宣读那些被判决的声音：

告诉你吧，世界

我——不——相——信！

纵使你脚下有一千名挑战者，

那就把我算作第一千零一名。

我不相信天是蓝的，

我不相信雷有回声，

我不相信梦是假的，

我不相信死无报应。

如果海洋注定要决堤，

就让所有的苦水都注入我心中，

如果陆地注定要上升，

就让人类重新选择生存的峰顶。

阳光的味道

新的转机和闪闪的星斗，

正在缀满没有遮拦的天空。

那是五千年的象形文字，

那是未来人们凝视的眼睛。

 牵手阅读

　　这首诗充满了故事感和沧桑感。经历是可以影响一个人的一生的，了解北岛的经历，就能更好地体会这首诗所蕴藏的感情。请了解北岛的生平，体会这首诗的内涵。

导读

　　灯能为黑暗的夜晚送去一线光明，能为凄寒的冬夜送去一丝暖意，灯的身影穿梭于我们平凡的生活。然而作者却说我们要去"寻找一盏灯"，为什么我们要去寻找，又如何能寻找到这一盏灯呢？让我们到诗歌当中去寻找答案吧！

我们去寻找一盏灯

顾　城

走了那么远
我们去寻找一盏灯

你说
它在窗帘后面
被纯白的墙壁围绕
从黄昏迁来的野花
将变成另一种颜色
走了那么远

把我唱给你听

023

我们去寻找一盏灯

你说
它在一个小站上
注视着周围的荒草
让列车静静驶过
带走温和的记忆

走了那么远
我们去寻找一盏灯

你说
它就在大海旁边
像金橘那么美丽
所有喜欢它的孩子
都将在早晨长大

走了那么远
我们去寻找一盏灯

　　顾城常常以孩童的语言与情感呈现给我们一个无污染、无烦恼的梦幻世界。《我们去寻找一盏灯》延续了其一贯的浪漫风格，赋予"灯"这个意象以朦胧多义的特质。这盏灯是在"窗帘后面"，在"一个小站上"，在"大海旁边"，可以说，"灯"就宛如希望，照亮了人生简单朴素的本质，照亮了生命的记忆，照亮了无数个平淡又永恒的瞬间。那么同学们，生活中不同场景下的"灯"有什么不同的特点呢？关于这些"灯"，你又有什么特别的联想呢？

导读 ⋯⋯⋯⋯⋯⋯⋯⋯⋯⋯⋯⋯⋯⋯⋯⋯

　　每个人的心中都有着一个晶莹剔透的童话世界，这个世界充满了所有美好幸福的事物，舒婷所言的"童话诗人"是谁呢？这位诗人的笔下又有着怎样一个光彩夺目的童话世界呢？让我们一起去瞧瞧吧！

童话诗人

——给 G·C（顾城）

舒　婷

你相信了你编写的童话

自己就成了童话中幽蓝的花

你的眼睛省略过

病树、颓墙

锈崩的铁栅

只凭一个简单的信号

集合起星星、紫云英和蝈蝈的队伍

向没有被污染的远方

出发

心也许很小很小
世界却很大很大

于是，人们相信了你
相信了雨后的塔松
有千万颗小太阳悬挂
桑葚、钓鱼竿弯弯绷住河面
云儿缠住风筝的尾巴
无数被摇撼着的记忆
抖落岁月的尘沙
以纯银一样的声音
和你的梦对话

世界也许很小很小
心的领域很大很大

牵手阅读

　　《童话诗人》是舒婷写给顾城的一首诗，顾城即是舒婷心中的童话诗人。在诗中，作者延续了其一贯优美梦幻的文风，描绘了顾城笔下纯真烂漫的童话世界。因为对生活有所选择，眼中便充溢着"星星""紫云英""蝈蝈的队伍""雨后的塔松"等晶莹纯净的意象。那么同学们，作者为什么说"心也许很小·很小，世界却很大很大"，又说"世界也许很小·很小，心的领域很大很大"呢？你对此是怎么理解的？

乘风破浪的少年

导读

有一条小溪流，它每天快活地唱着歌，不分昼夜地向前奔流，一刻也不停歇，它到底要去哪儿呢？

小溪流的歌

严文井

小溪流有一支歌，是永远唱不完的。

一条快活的小溪流哼哼唱唱，不分日夜地向前奔流。山谷里总是不断响着他歌唱的回声。太阳出来了，太阳向着他微笑；月亮出来了，月亮也向着他微笑。在他清亮的眼睛里，世界上所有的东西都像他自己一样新鲜、快乐。他不断向他所遇到的东西打招呼，对他们说："你好，你好！"

小溪流一边奔流，一边玩耍。他一会儿拍拍岸边五颜六色的石卵，一会儿摸摸沙地上才伸出脑袋来的小草。他一会儿让那些漂浮着的小树叶打个转儿，一会儿挠挠那些追赶他的小蝌蚪的痒痒。小树叶不害怕，轻轻转了两个圈儿，就又往前漂。小蝌蚪可有些怕痒，就赶快向岸边游，长了小腿的蝌蚪还学青蛙妈妈慌张地蹬开了腿。

小溪流笑着往前跑。有巨大的石块拦住他的去路，他就轻轻跳跃两下，一股劲儿冲了下去。什么也阻止不了他的奔流。他用清亮的嗓子歌唱，山谷里不断响着的回声也是清脆的，叫人听了就会忘记疲劳和忧愁。

小溪流在狭长的山谷里奔流了很久，后来来到了一个拐弯的地方。那里有一截枯树桩，还有一小片枯黄的草。枯树桩年纪很大，枯黄的草也不年轻。他们天天守在一起，就是发牢骚，他们觉得什么都不合适，什么都没有意思。后来连牢骚也没有新的了，剩下的只有叹气。他们看着活泼愉快的小溪流奔流过来，觉得很奇怪，就问他："喂，小溪流！这么高兴，到哪儿去呀？"

小溪流回答："到前面去，自然是到前面去呀。"

枯树桩叹口气说："唉，唉！忙什么呀，歇会儿吧！"

枯黄的草也叹口气说："唉，唉！累坏了可不是好玩儿的，就在这儿待下来吧。这儿虽然不太好，可也还不错。"

小溪流看着他们笑了笑："为什么呀？就不！不能够停留！"

一转眼小溪流就把他们丢在后面了，他又不住地往前奔流。前面出现了村庄。村庄里有水磨等着他去转动。

　　小溪流就这样不知疲倦地奔流、奔流，渐渐又有些旁的小溪流来同他汇合在一起，小溪流就长大了。

　　于是，由小溪流长成的一条小河，高声地歌唱着，不分早晚地向前奔流。他精神旺盛，精力饱满，向着两边广阔的原野欢呼，他翻腾起水底沉淀的泥沙，卷起漂浮的枯树枝，激烈地打着旋儿。他兴致勃勃地推送着木排，托起沉重的木船向前航行。什么也阻止不住他的前进。前面有石滩阻碍他，他就大声吼叫着冲过去。小河就这样奔流，不断向前奔流。

　　有一只孤独的乌鸦懒懒地跟着他飞行了一阵。乌鸦看见小河总是这样活跃，这样匆忙，觉得很奇怪，就忍不住问："喂，小河！这么忙，到哪儿去呀？"

　　小河回答："到前面去呀。"

　　乌鸦往下飞，贴近了他，恐吓他说："嘿，别高兴！还是考虑考虑吧，前面没有好玩意儿。"

　　小河没忘记自己原来是小溪流，他笑了一笑："为什么？才不听你的哩！就不能停留！"

　　乌鸦生了气，一下说不出话来，就只叫："呀！呀！呀！"

小河很快就把乌鸦丢在后面，又不住地往前奔流。前面出现了水闸，等着他去推动发电机。小河高高兴兴地做了一切他该做的工作。再前面又出现了城市。

　　小河不知疲倦地奔流、奔流，就这样先先后后又有些旁的小河同他汇集在一起，小河就长大了。

　　于是，一条大江低声吟唱着，不分时刻地向前奔流，他变得十分强壮，积蓄了巨大无比的能量。他眺望着远远隐在白云里的山峰，以洪亮而低沉的胸音向他们打招呼，他不费力就掀起一阵阵汹涌的波涛，他沉着地举起庞大的轮船，帮助他们迅速航行。他负担着许多，可是他不感觉有什么负担。大江就这样奔流，不断向前奔流。

　　那些被波浪卷起、跟随大江行进的泥沙却感到累了，问："喂，大江！老这么跑，到底要往什么地方去呀？"

　　大江回答："还要到前面去呀。"

　　疲乏得喘不过气的泥沙愤愤地说："'前面''前面'！哪有那么多'前面'！已经走得差不多了，还是歇口气吧！"

　　大江的记性很好，他没有忘记自己原来是小溪流，轻轻地笑了笑："为什么？不行！不能停留！"

　　泥沙带着怨恨，偷偷地沉下去了，可是大江还是不住地奔流。许多天就好像一天，许多月就好像一个月，他经过了无数繁荣的城市和无数富足的乡村，为人们做了无数事情，最后终于来到了入海口。

大江还是不知道疲倦是怎么一回事。他奔流着，奔流着，永远向着前方。

于是，无边无际的蓝色海洋在欢乐地动荡着。海洋翻腾起白色的泡沫，洪亮地向着四方欢唱。他是这样复杂，又是这样单纯；是这样猛烈，又是这样柔和。他一秒钟也不停止自己的运动。

在海底，有一只爬满了贝壳的、朽烂得只剩一层发锈的铁壳的沉船，他早已不耐烦海洋这无休无止的晃动了，悄悄地问："可以休息了吧，可以休息了吧？"

海洋记得一切，他以和小溪流同样清亮的嗓子回答："休息？为什么？那可不成！"

他的无穷尽的波浪就这样一起一伏，没有头，也没有尾。月亮出来了，月亮向着他微笑。太阳出来了，太阳也向着他微笑。海洋感觉到整个世界、所有的东西好像都围绕在他的身边。海洋更加激起了自己的热情。他不断涌起来，向上，向前，向着四面八方。无数圆溜溜的小水珠就跳跃起来，离开了他，一边舞蹈，一边飞向纯洁的天空。

巨大的海洋唱着小小的溪流的歌："永远不休息，永远不休息！"

小溪流的歌就是这样无尽无止，他的歌是永远唱不完的。

 牵手阅读

本文讲述了一条小溪流历尽千辛万苦，凭着自己永不停息、坚持不懈的精神，终于变成了一片海洋的故事。当一个人怀抱梦想时，即使外界有许多困难，别人有许多不解，可我们只要坚持不懈，不屈不挠，积极乐观，终将会有所收获，成为一片广阔、浩瀚的海洋。

小耗子在合唱队里参与排练时怎么也唱不好歌，但走在开阔的原野放声歌唱时，歌声却分外优美动听，这是为什么呢？

自己的声音

金　波

森林合唱团正在排练一首歌：

咯吱吱，咯吱吱，

森林里来了一只小耗子。

小耗子，啃木头，

啃呀，啃呀，磨牙齿。

咯吱吱，咯吱吱。

大家唱得很齐，唯有小耗子合不上拍子，不是快，就是慢，惹得黑猩猩指挥很生气。他质问小耗子：

"小耗子，你怎么老是唱不对？"

"我，我也不知道。"小耗子低着头说。

"是不是因为唱的是小耗子啃木头，你就故意不好好唱？"黑猩猩大声问。

"不是。我好好唱了。"小耗子细声细气地说，"我知道小耗子就爱啃木头。"

大家一听，都哈哈大笑起来。

"不许笑！继续排练！"黑猩猩挥起指挥棒。

咯吱吱，咯吱吱，

森林里来了一只小耗子。

小耗子还是唱不对。

黑猩猩大声吼道："小耗子，你被开除了，走吧！"

小耗子哭着走了。

他不想回家，让爸爸妈妈知道了，他们会批评他笨的。

小耗子走出森林，在开阔的原野上走着。

原野上铺着厚厚的白雪。小耗子走在雪地上。

四周安静极了，只听见脚下发出"咯吱吱，咯吱吱"的声音。

他觉得这声音，就像他刚才唱的那首歌。

他踏着自己的脚步声，一边走，一边唱：

　　　　咯吱吱，咯吱吱，

　　　　森林里来了一只小耗子。

他唱得很开心。他再也不用担心黑猩猩会吼他，他可以自由自在地唱。

他放开喉咙大声地唱。他的歌声很嘹亮，传得很远很远，一直传进森林里。

黑猩猩指挥听到了，停止了排练，让大家静下来，仔细地听。黑猩猩连连说着：

"你们听，这是谁在唱啊？真好真好！听他唱得多么准确，多么轻松，多么自然，多么……"

黑猩猩不知道该用什么词儿来赞美那歌声。小耗子的歌声又传过来：

　　　　咯吱吱，咯吱吱，

　　　　森林里来了一只小耗子。

　　　　……

在这则小故事中，小耗子因为畏惧大猩猩指挥的批评，任凭怎么努力也合不上歌曲的拍子，但当他独自一人走在旷野之中时，自由自在的歌声却分外自然且优美。小朋友们在现实生活中是否也会遇到类似的情况呢？是否会因为他人的眼光和特定的标准感到紧张，收束自己，从而导致频繁失误？这说明自在、轻松的环境往往能调动人的潜力和才能。因此我们要拥有轻松自在的态度，随时随地表现最好的自己。

阳光的味道

桥那边

汤素兰

　　大山里有一座小村庄，村子里住着小男孩大麦和小女孩小米，还住着黑头发巫婆格里格。

　　村边的小河上有一座小木桥。太阳每天把小木桥涂成金红色。"咿呀咿呀。"金红的小木桥天天这样唱歌。

　　大麦和小米喜欢到会唱歌的小桥边玩。巫婆格里格说："大麦和小米，你们千万别到桥那边去，桥那边住着可怕的白胡子魔鬼格里郎，小桥唱的是魔鬼的歌。"

　　晚上，大麦和小米趴在窗口看星星，又听见小桥在唱："咿呀咿呀。"大麦说："我不相信格里格的话，我想到桥那边去看看。""我跟你一起去。"小米说。

第二天一大早，格里格巫婆还没有醒来，大麦和小米就跑上了金红的木桥。"咿呀咿呀，咿呀咿呀。"小桥唱得更欢了。

他们跑过小桥，在桥的那边，看到了一座木头房子，一个白胡子老爷爷在屋前的园子里种花。

"老爷爷，听说桥这边住着魔鬼格里郎，你不害怕吗？"大麦和小米问。

老爷爷停下手中的活，惊奇地看着大麦和小米："我就是白胡子魔鬼格里郎，我一点也不可怕。我倒是替你们担心。桥那边住着黑头发巫婆格里格，你们不怕？"

大麦和小米笑起来："巫婆格里格才不可怕呢，她是我们的奶奶！"

这时候，黑头发巫婆格里格追过桥来了。格里格看见了白胡子格里郎，格里郎也看见了黑头发巫婆格里格。他俩你瞧瞧我，我瞧瞧你，都大笑起来："原来你一点也不可怕啊！"

从此以后，大麦、小米、格里格、格里郎经常在桥两边来来往往。

"咿呀咿呀，咿呀咿呀。"小桥日夜唱着欢快的歌。

 牵手阅读

　　这则故事告诉我们，不要在没有亲身的尝试和体验之前，就产生恐惧畏难的情绪。所以小朋友们，千万不要被未知的困难吓倒，亲自试一试，说不定所谓的"困难"只是一件简单的小事，你轻轻松松就能做到。

导读

　　学校生活并不总是快快乐乐的，总有些讨人厌的同学冒出来打扰人的好心情。本文节选自曹文轩的《草房子》，让我们看一看陆鹤是怎么反击这些坏同学，维护自己尊严的吧。

秃　鹤

曹文轩

　　眼看着就要会演了，油麻地小学上上下下就为这么一个必需的秃头而苦恼不堪。

　　"只好不演这个本子了。"桑乔说。

　　"不演，恐怕拿不了第一名，就数这个本子好。"蒋一轮说。

　　"没办法，也只能这样了。"

　　很快，油麻地小学的学生们都传开了："《屠桥》不演了。"都很遗憾。

　　秃鹤在一旁静静地听着，不说话。

傍晚，孩子们都放学回去了，秃鹤却不走，在校园门口转悠。当他看到桑桑从家里走出来时，连忙过去："桑桑，你给我送个纸条给蒋老师好吗？"

"好吧。"桑桑接过纸条。

秃鹤转身离开了校园，不一会儿工夫就消失在苍茫的暮色里。

蒋一轮打开了秃鹤的纸条，那上面工工整整地写着：

蒋老师：

　我可以试一试吗？

　　　　　　　　　　　　　　　陆鹤

蒋一轮先是觉得有点儿好笑，但抓纸条的双手立即微微颤抖起来。

当校长桑乔看到这个纸条时，也半天没有说话，然后说："一定让他试一试。"

秃鹤从未演过戏。但秃鹤决心演好这个戏。他用出人意料的速度，就将所有台词背得滚瓜烂熟。

不知是因为秃鹤天生就有演出的才能，还是这个戏在排练时秃鹤也看过，他居然只花一个上午就承担起了角色。

在参加会演的前两天，所有参加会演的节目，先给油麻地小学的全体师生演了一遍。当秃鹤上场时，全场掌声雷动，孩子们全无一丝恶意。

秃鹤要把戏演得更好。他把这个角色要用的服装与道具全部带回家中。晚上，他把自己打扮成那个伪军连长，到院子里，借着月光，反反复复地练着：

小姑娘，快快长，

长大了，跟连长，

有得吃，有得穿，

还有花不完的现大洋……

他将大盖帽提在手里，露着光头，就当纸月在场，驴拉磨似的旋转着，数着板。那个连长出现时，是在夏日。秃鹤就是按夏日来打扮自己的。但眼下却是隆冬季节，寒气侵入肌骨。秃鹤不在意这个天气，就这么不停地走，不停地做动作，额头竟然出汗了。

到灯光明亮的大舞台演出那天，秃鹤已胸有成竹。《屠桥》从演出一开始，就得到了台下的掌声；接下来，掌声不断。当秃鹤将大盖帽甩给他的勤务兵，秃头在灯光下锃光瓦亮时，评委们就已经感觉到，桑乔又要夺得一个好名次了。

秃鹤演得一丝不苟。他脚蹬大皮靴，一只脚踩在凳子上，从桌上操起一把茶壶，喝得水直往脖子里乱流，然后脑袋一歪，眼珠子瞪得鼓鼓的："我杨大秃瓢，走马到屠桥……"

在与纸月周旋时，一个凶恶，一个善良；一个丑陋，一个美丽，对比十分强烈。可以说，秃鹤把那个角色演绝了。

演出结束后，油麻地小学的师生们只管沉浸在胜利的喜悦之中，而当他们忽然想到秃鹤时，秃鹤早已不见了。

桑桑第一个找到了秃鹤。那时，秃鹤正坐在小镇的水码头的最低的石阶上，望着被月光照得波光粼粼的河水。

桑桑听到了秃鹤的啜泣声。

油麻地小学的许多师生都找来了。

纸月哭了，许多孩子也都哭了。

纯净的月光照着大河，照着油麻地小学的师生们，也照着世界上一个最英俊的少年……

曹文轩是我国当代著名儿童文学作家，他的小说中表达了对少年儿童生存状态和心灵世界的关怀，代表作有《山羊不吃天堂草》《青铜葵花》《草房子》等。本篇节选自曹文轩的《草房子》，成功塑造了陆鹤这一人物形象。

请让我拥抱你

导读

　　小朋友们，你们有没有参与环保活动的经历呢？看到蓝蓝的天空、粉嫩的花朵，你们是否也想为未来的地球留下些什么呢？那就让我们一起走进诗歌吧！

给未来一片绿色

佚　名

轻轻地打开地球画册，

山山水水都在问我：

"小朋友，跨世纪的小朋友，

你想给未来的地球留下什么？

是留下一棵树，

还是留下一朵花？

是留下一个生命的春天，

还是留下一片永恒的绿色？"

啊，你说，我说，他说：

"给未来留下一个更美的地球，

和一首绿色和平的歌!

深情地挥动七彩画笔,

蓝天大海都会欢迎我。"

小天使,大自然的小天使,

你想给未来的世界画些什么?

是画出青山常青,

还是画出绿遍沙漠?

是画出常开不败的花季,

还是画出永不消失的春色?

啊,有你,有他,有我,

给世界画出一个更美的未来,

和一首爱护地球的歌!

牵手阅读

　　绿水青山、蓝天白云,大自然和煦而美好的一切都是地球母亲的慷慨馈赠。然而随着人类活动的增多,我们的大自然正在遭受着污染与破坏,地球母亲的笑容也渐渐笼罩起一片阴霾。那么小朋友们，为了还我们的地球家园一片永恒的绿色，我们应该做些什么呢？

导读

　　这篇文章的作者是著名的"动物小说大王"沈石溪。他笔下的象是一种有情感、有灵性的动物，值得人类尊重和爱护。

给大象拔刺

沈石溪

　　那年月，时兴赤脚医生。所谓的赤脚医生，就是在缺医少药的农村，挑一些有文化的青年，到医院培训三五个月，发给一个药箱，边劳动边行医，为农民治一些简单的病。我就曾经是一名边疆农村的赤脚医生。

　　那天清晨，我背着药箱到橡胶林去巡诊，走到流沙河边的大湾塘。突然，从树背后伸出一根长长的柱子，横在我面前，就像公路上放下一根红白相间的交通闸一样，拦住了我的去路。林中昏暗，我以为是根枯枝倒下来了，伸手想去拨拉，手指刚触摸到便吓得魂飞魄散——热乎乎、软绵绵、干沙沙，就像摸着一条刚刚在沙砾上打过滚儿的蟒蛇。

"妈呀——"我失声尖叫。随着叫声,大树后面闪出一个庞然大物,原来是一头深灰色的大公象,撅着一对白森森的象牙,朝我奔来。

别说我了,就是百兽之王的老虎,见到大公象也要夹着尾巴逃跑的。我只恨爹娘少给我生了两条腿。我刚逃出五六米远,突然嗖的一声,一根沉重而又柔软的东西扫中了我的腿,让我摔了个嘴啃泥。我仰头一望,原来树背后又闪出一头成年母象,给了我一个扫荡鼻。

一公一母两头大象像两座小山似的站在我面前。我想,它们中无论是谁,只要抬起一只脚来在我背上踩一下,我的五脏六腑就会被挤牙膏似的从口腔里挤出来的。反正是必死无疑了,我也懒得再爬起来,闭起眼睛等死吧。

它们并没踏我一脚。公象弯起鼻尖,钩住我的衣领,像起重机似的把我从地上吊了起来。莫非是要让我做活靶子,练练它那刺刀似的象牙?唉,事到如今,我也没法挑剔怎么个死法了,它们爱怎么着就怎么着吧。

它们让我站稳了,没用象牙捅我个透心凉,而是用鼻子顶着我的背,推着我往密林深处走。

我晕头转向,像俘虏似的被它们押着走了大半个小时，来到一棵独木成林的老榕树下。象鼻猛地一推，我跌倒在地。嘿，在我面前两尺远的树根下，躺着一头小象。

这是一头半岁左右的幼象，只有半米多高，体色瓦灰，比牛犊大不了多少，鼻子短得就像拉长的猪嘴。它咧着嘴，鼻子有气无力地甩打着，右前腿血汪汪的，不断在抽搐，哼哼唧唧地呻吟着。

母象用那根万能的鼻子在小象的头顶抚摸着，看起来是在进行安慰。公象则用鼻子卷起我的手腕，使劲往小象那儿拖曳。我明白了，这是一家子象，小象的右前腿受了伤，公象和母象爱子心切，便到路上劫持个人来替小象看病。

好聪明的象啊，好像查过档案似的，知道我是赤脚医生。

我心里顿时涌起一股强烈的求生欲望来。我想，既然它们捉我来是为了替小象看病，只要看完了，大概就会放我回去的。

我不敢怠慢，立刻跪在地上给小象检查伤口。是一根一寸长的铁钉扎进了小象的足垫，看样子已经有好几天了，整只脚肿得发亮，伤口已发炎溃烂，散发着一股腥臭。

我的医术堪称世界最差，平时只会给人搽搽红药水、碘酒什么的，从未给谁动过手术，但此时此刻，我就是只鸭子也得飞上树，我没有金刚钻也得揽这份瓷器活。我要是谦虚推辞，公象就会送我上西天。

我从药箱里取出镊子、钳子、酒精、药棉等东西，就壮着胆开始干起来。首先当然是要消毒，我抬起小象的脚，将小半瓶酒精泼进创口。没想到小象也像小孩子似的怕疼，它哇的一声，像杀猪似的嚎叫起来。

立刻，我的脖子被公象的长鼻子勒住了，就像上绞刑似的把我往上提。"嗷——嗷——"大公象双眼喷着毒焰，低沉地吼叫着。显然，它不满意我把小象给弄疼了。

还讲理不讲啦？我又没有麻药，动手术哪有不疼的！怕疼就别叫我治，要我治就别怕疼！可我没法和大象讲理，对牛弹琴，对象讲理，那是徒劳的。我双手揪住象鼻子，想扳松"绞索"，但公象力大无穷，长鼻越勒越紧，我脚尖点着地，已经快喘不过气来了。唉，这死得也太冤枉了。

就在这时，母象走过来，把它的长鼻搭在公象的鼻子上，摩挲了几下，嘴里还"呀呀啊啊"地叫着，估计是在劝慰公象不要发火，让我继续治疗，到最后实在治不好再问罪处死也不迟。公象"哼"地打了个响鼻，松开了"绞索"。

我把尖嘴钳伸进小象的伤口。还没开始拔钉子呢，小象又哭爹喊娘起来。我害怕蛮不讲理的公象再次给我上绞刑，赶快将半瓶去痛片塞进小象嘴里。遗憾的是，这么大剂量的去痛片对小象作用却不大。我钳住钉子往外拔时，它又脑袋乱摇疼得要死要活了。

大公象虎视眈眈地盯着我，长鼻高高翘起，悬在我的头顶。白晃晃的象牙从背后瞄准我的心窝，随时准备把我吊起来捅个透心凉。

我冷汗涔涔，脊梁发麻，实在想不出有什么办法能叫小象停止呻吟。逼急了，我冲着小象破口大骂："混账东西，叫你个魂！我好心好意替你治疗，你难道还想让你可恶的爹杀了我呀！"没想到，我这一发怒，一叫喊，竟然把小象给镇住了，泪汪汪的双眼惊愕地望着我，停止了叫唤。我趁机把钉子给拔了出来。

下一步要清洗创口，它又快疼哭啦。我再次恶狠很地大声唾骂："闭起你的臭嘴！你再敢叫一声，我就把钉子戳到你的喉咙里去！"小象倒是被我吓住了，骇然将涌到舌尖的呻吟咽了回去。可母象不干了，嫌我脾气太粗暴。它看不得小象受半点委屈，宽宽的象嘴对准我的耳朵，"噢——"大吼了一声。我的脑袋像撞了墙似的嗡嗡响，眼冒金星，耳膜发胀。那叫声，比十支摇滚乐队同时演奏还厉害。

我不敢再骂小象，又不敢再让它呻吟，便只有跟它一起哭。它疼得要叫唤时，我也扯起喉咙拼命喊疼；它身体哆嗦时，我也在地上颤抖打滚；它痛苦得乱甩鼻子时，我也像中了枪子儿似的揪住胸口摇摇晃晃。

　　公象和母象大概觉得我和它们的小宝贝双双痛苦，这样挺公平，也有可能觉得我又哭又闹样子挺滑稽，它们安静下来，不再干涉我的治疗。

　　我终于把小象的创口清洗干净，撒了消炎粉，又用厚厚的纱布给包扎起来。

　　过了一会儿，小象站了起来，一瘸一拐地勉强能行走了。公象和母象这才扔下我，簇拥着小象进了树林。

　　一个多月后的一天下午，我又从那条路走过。突然，咚的一声，一只比冬瓜还大的野蜂窝掉在我面前，里头蓄满了金黄色的蜂蜜。我抬头一看，哦，是曾经绑架过我的那家子象，站在路边的草丛里，朝我友好地扑扇耳朵挥舞鼻子。显然，这只野蜂窝，是它们付给我的医疗费。

　　小象还欢快地奔到我面前，柔软的鼻子伸到我的鼻子上来。人和人表示亲热，是彼此伸出手来握手；象和象表示亲热，是鼻尖和鼻尖钩拉在一起握鼻。可惜我的鼻子只有一寸高，没法和它握鼻。

牵手阅读

动物小说最打动人心的地方，就是让我们通过故事清晰地听到动物的心声，或哭泣悲鸣，或笑语欢歌，触摸动物的美丽心灵。这篇小说，讲述了"我"给小象拔刺治疗的故事，小象的父母爱子心切、机智、懂得感恩，这些都给我们留下了深刻的印象。人间自有真情在，其实这些动物间也有真情。你不妨找更多的动物小说来读一读。

哈雷是一只两岁的雄虎，聪明伶俐，为了训练它钻火圈，团长想了种种办法，而老虎哈雷仍迟迟不肯钻。无奈之下，团长找来养它长大的宋大妈。这是怎么一回事呢？

跳火圈的老虎

沈石溪

　　哈雷是一只两岁的雄虎，聪明伶俐，到阳光大马戏团只有半年多时间，就学会了高台跳跃、走跷跷板、龙虎斗等好几个节目，很受观众欢迎。高导演想让哈雷学一个新节目：跳火圈。所谓跳火圈，就是做一个直径为一米半的大铁圈，竖在约一米高的铁架子上，空心铁杆里灌满易燃的油，驯兽员用火把点燃铁圈，霎时间烈焰腾空，驯兽员一声令下，威风凛凛的老虎从燃烧的铁圈里蹿越而过。英国皇家大马戏团和俄罗斯国家大马戏团都有这个节目，十分叫座。这节目看上去很惊险，熊熊燃烧的火焰似乎要把老虎吞噬了，其实蹿越火圈只是一个短暂的瞬间，绝不会灼伤虎皮或烧焦虎毛。但基本上所有的野兽天生都怕火，要让老虎克服对火的畏惧，勇敢地从烈焰中钻过去，并非易事。据统计，在十只接受跳火圈训练的老虎中，最多只有一只能表演这个节目。

训练动物演员，一般都采取食物引诱法。饥饿是最好的老师，在饥饿的催逼下，动物会变得十分听话。于是，高导演把哈雷关进铁笼子，整整一天不给它喂食。翌日晨，驯兽员将虎笼搬进专门训练动物用的一条狭窄甬道，甬道的中间支着燃烧的铁圈，驯兽员在甬道的一头用铁叉叉着一大块血淋淋的牛排。哈雷想吃到牛排，没有其他途径，只能从燃烧的铁圈中蹿过去。在这之前，哈雷曾钻过空铁圈，它纵身一跃，就从铁圈中央蹿了过去，姿势优美，身手矫健，一点也不费力。此时，哈雷已饥肠辘辘，一闻到牛排的血腥味，就兴奋得两眼放光，扑到铁圈前，可是，一看到跳动的火焰，一感受到火的热量，它立刻就停了下来，掉头回去了。驯兽员晃动着铁叉上的牛排大声吆喝，哈雷惊恐地颠跳着，委屈地咆哮着，就是不肯接近炙热的火圈。从上午僵持到下午，牛排都变质了，驯兽员也累得筋疲力尽，哈雷仍不敢蹿越燃烧的火圈。

高导演失望地说："就像有的人患有恐高症一样，有的老虎患有恐火症，哈雷大概就属于这一类老虎。"

训练动物演员，还有一个高招，就是适当地进行体罚。你不肯听话，鞭子伺候，或者用高压水枪喷射，或者关你两天禁闭，看你还敢翘尾巴！但这类体罚，一般只适用于调皮捣蛋的猴子或贪玩不肯专心学习的狗，不适合用在猛兽身上，尤其不能对老虎滥施暴力。老虎生性孤傲，容易记仇，稍有不慎，就会闹出大乱子来的。对老虎这样的猛兽演员，通常只能采取怀柔政策。

到了傍晚，哈雷已饿得四肢发软，嘴角溢出了大口唾沫，再不给它喂食，怕会饿出病来的。高导演只好下令停止训练："算啦，取消老虎跳火圈的节目吧，瞧它见着火就跟见着鬼似的，没希望啦！"

驯兽员老章不大甘心，提议道："要不，到圆通山动物园请宋大妈来帮帮忙，或许会起点作用。"

马戏团的动物演员大部分来自动物园，排演节目时若遇到犟头倔脑不听话的演员，工作人员便会去动物园请来把它们从小养大的饲养员。动物对把它们从小养大的饲养员有一种特殊的感情，饲养员配合驯兽员一起调教，效果要好得多。

驯兽员老章所说的宋大妈，就是哈雷在动物园时的饲养员。哈雷的妈妈是一只患有心脏病的母虎，产下哈雷后就死了，是宋大妈一手把哈雷养大的。

高导演想了想，点点头说："好吧，那就请她来试一试。"

驯兽员老章跑到圆通山动物园找宋大妈，却扑了个空。几个月前，宋大妈为了给毒瘾发作的儿子筹钱买海洛因，偷了动物园一对小孔雀，拿到花鸟市场去卖，动物园发现后将她开除了。驯兽员老章找了好几天，最后在垃圾场附近找到了正在捡破烂的宋大妈，把她带进了马戏团。

宋大妈衣衫褴褛，身上散发出一股垃圾场的酸臭味，娇滴滴的女演员们纷纷掩鼻躲避。哈雷还没沾染人类社会嫌贫爱富的坏毛病，见到宋大妈亲热得不得了，用脖子在宋大妈腿上来回磨蹭，还伸出舌头去舔宋大妈脏兮兮的鞋子。宋大妈唤它的名字，它就从喉咙深处发出一串呼噜呼噜的欢快叫声；宋大妈伸出黑黢黢的手抚摸它的脑袋，它就高兴得在地上打滚，乖得就像一只大猫。

久别重逢，"母子"相会，情景很是感人。

遗憾的是，将哈雷再次移到训练甬道，隔着燃烧的火圈，宋大妈大声呼唤，哈雷却又望着明亮的火焰畏缩不前了。

"跳哇，宝贝，我的小哈雷，为了我，你就跳一次吧！"隔着火圈，宋大妈张开双臂做出拥抱状。

呜，呜。哈雷在火圈的另一边踟蹰徘徊，伤心地呜咽着，好像在说："对不起了，我害怕火，我不敢跳。"

试了好几次，都未能让哈雷蹿越火圈，所有的人都泄气了。高导演掏出十元钱扔给宋大妈，挥挥手说："去吧，去吧，这里不再需要你了！"那不屑的神态和轻蔑的口气，活像在打发叫花子。

本来嘛，宋大妈就是一个标准的叫花婆。

宋大妈遗憾地望了哈雷一眼，畏畏缩缩地朝马戏团大门走去，走了几步，又踅转回来，怯怯地对高导演说："我……我想起一件事，不知当说不当说，兴许能让哈雷跳那个火圈的。"

"说吧，简单点。"高导演皱着眉头说。

"哦，事情是这样的。哈雷半岁时，我那个不争气的儿子，交上一些不三不四的朋友，开始吸毒。他爹死得早，我一个人把他拉扯大，哪有钱供他吸毒哇？他就趁我上班时，把家里的东西偷出去卖。家里的几样旧电器几件旧家具很快被他折腾光了，只剩下两床旧棉被几只破碗……"宋大妈说到这里，眼圈泛红，快要哭泣了。

"行了，行了，我们没空听你诉苦。"高导演打断宋大妈的话，没好气地说，"你讲跟哈雷有关的事，其他就不要胡扯了。"

"是是。"宋大妈擦掉眼角的泪珠，接着说，"我心里苦，又不敢对外人说，儿子吸毒不是件光彩的事啊。有时候，心里憋得慌，我就搂着哈雷哭一哭说一说。哈雷从小没有娘，也是我一把屎一把尿养大的，对我可亲了。它不嫌弃我，它愿意听我哭诉。我抱着它哭，它就用舌头来舔我的泪水，就像个懂事的儿子在帮我揩泪；我说到伤心的地方，它也会跟着我噗噗地叹息。你们别笑，我说的都是真话呀。大概有半年的光景，我几乎天天都要搂着哈雷哭一场，哭一哭心里就痛快些。每次我一哭，哈雷准会贴在我身上来安慰我。"

"有一天，哦，那是哈雷满一岁的时候，那天傍晚，动物园关门了，我也打扫完笼舍，准备回家。就在这时候，我那个不争气的儿子毒瘾发作，跑到动物园里来找我要钱。我说没钱，他晓得我这天刚领了薪水，就动手来抢。唉，吸毒的人，一旦毒瘾犯了，就没有廉耻，没有天良，连亲娘都要抢的啊。我捂住口袋不让他搜，那是我的活命钱，给他抢了去，我怎么活呀！他……他就动手打我，揪住我的头发，把我的头拼命往铁笼子上撞。我这是作的什么孽呀？一把屎一把尿把他养大，二十几岁的大小伙子了，不指望他挣钱来孝敬我，但他也不该像打冤家一样来打我呀。我越想越悲伤，忍不住放声大哭起来。我和我那个不争气的儿子就在虎笼外厮打，与哈雷隔着一层铁丝网。我一哭，哈雷就在笼子里吼了起来。天还没有黑，我看得清清楚楚，它眼睛睁得比铜铃还大，张着大嘴巴，朝我不争气的儿子咆哮。唉，哈雷当时如果能撞开铁笼冲出来就好了，啊呜一口咬死我那个不争气的儿子，倒也干净，我就不会沦落到今天这个地步了，他也不会因为贩毒被判个无期。我那个不争气的儿子听到威风凛凛的虎啸，愣了愣，揪住我头发的手也松开了，可他瞄了一眼铁丝网，朝笼子里的哈雷呸地啐了一口，又扭住我的胳膊来掏我的口袋。他肯定是这么想的，老虎虽然厉害，但此时关在笼子里，就等于是只纸老虎，没什么可怕的。这时候，哈雷大吼一声扑了过来，重重撞在铁丝网上，跌翻后，马上爬起来又不顾一切地扑蹿上来，用爪子撕抓，用牙啃咬，铁笼子被摇得哐啷哐啷响，好像马上就要散架了。我那个不争气的儿子到底害怕了，放开我转身逃跑了。我立马开了锁跑进铁笼子一看，哈雷满脸都是血，左脸给铁丝钩破，嘴唇也裂开一道口子，左前爪第二个指甲也断了半截，我赶紧替它擦洗伤口，抱着它痛哭了一场。哦，我说的都是实话，你们不信可以看看哈雷身上的伤疤。"

驯兽员老章去检查哈雷的脸，嘴唇上果然有一道隐约可见的伤疤；翻开它脸上的毛丛，确实有一条粉红色的疤痕；再抬起它的左前爪，第二个指甲也比其他指甲要短了一点。

"你的意思是，要是你哭泣，哈雷就会跳火圈？"高导演上下打量着宋大妈，很不信任地问道。

"我想大概是这样的吧。"宋大妈没什么把握，说得也不肯定。

"那就试试吧。不过，十有八九是天方夜谭。"高导演说。

他们重新来到狭窄的甬道，重新点燃火圈，重新将宋大妈和哈雷隔在甬道的两端。

宋大妈身世凄苦，根本不需要酝酿感情，眨巴眨巴眼睛，泪水的闸门就打开了，伤心地嘤嘤哭泣。

不可思议的事情发生了。哈雷本来是懒洋洋地侧身躺卧在甬道一头的，宋大妈的哭声一响起，它就倏地爬起来，耳朵陡然竖得笔直，耳郭颤抖扭动，双眼圆睁，闪动着幽蓝的光，脸上的毛可怕地蓬起来，张开血盆大口，露出四枚尖利的虎牙，疾步奔到铁圈前。铁圈燃着橘红色的火苗，火花发出噼里啪啦的声响，它后退了两步，在火圈前不断地来回奔跑，似乎是要寻找不用跳火圈就可以去宋大妈身边的路径。它当然是找不到的。

宋大妈大概是想到了最悲惨的往事，一屁股跌坐在地上，号啕大哭起来："我的儿啊——哈雷——我的儿啊——"

就像战士听到冲锋号，船长听到汽笛声，运动员听到发令枪声，哈雷虎尾猛地一抡，朝火圈龇牙咧嘴地怒吼一声，纵身一跃，姿势矫健优美，刹那间蹿越火圈，来到宋大妈跟前，用舌头帮她揩拭眼泪。

高导演迷惑不解地搔搔脑壳说："真是怪事，再试一遍，哦，把火弄大一点。"

按照循序渐进的训练原则，刚开始铁圈只灌了少量油，十几个火孔燃烧着十几朵不大不小的火苗，烧得并不够旺，铁圈中央没有火。按高导演的吩咐，几名工人重新给铁圈灌了油，十几个火孔也从小挡扭到中挡。点燃后，大片大片的火焰遮住了整个铁圈，就像一道火帘。宋大妈一哭，哈雷照样毫不犹豫地穿过火帘去宋大妈身边。他们又试了一次，将铁圈灌满油，火孔扭到最大一挡，火焰熊熊燃烧，呼呼有声，就像一道厚厚的火墙。宋大妈的哭声再起时，哈雷短暂地犹豫了一下，又勇敢地撞开火墙落到宋大妈身边。

跳火圈的节目大功告成，可以搬到舞台上去表演了。

高导演对宋大妈说："好吧，你就算我们雇的临时演员，我在舞台上给你搭一个屏风，演这个节目的时候，你就躲在屏风后面哭一哭。哦，我一个月付你三百元，怎么样？"

宋大妈想了想，摇摇头说："三百块，还不够吃饭呢。我捡破烂每个月还要挣三百块哩。总不能说我当了马戏团的演员，还上街去捡破烂，我倒不怕寒碜，怕是会丢了马戏团的脸。"

"那你要多少？"高导演不悦地问。

"我一个孤老婆子，一日三餐，粗茶淡饭，花费倒不大，可我那个不争气的儿子，关在监狱里头。虽说他毒瘾发作时丧尽天良，为了钱开口骂我，动手打我，但怎么说他也是我身上掉下来的肉啊，每个月我总得去看他两次，当然不能空着手去。"宋大妈唠唠叨叨地说。

"行了，别倒苦水了，你想要多少，说嘛！"高导演眉心拧成了疙瘩，很不耐烦地说。

"一千。"宋大妈瞄了一眼卧在她身边的哈雷，咬咬牙说。

高导演的脸垮了下来，圆脸变成了长脸，心想：这不是存心在敲诈吗？马戏团的正式演员月工资也才一千块左右，你这个捡破烂的老婆子，就哭那么两声，值那么多钱吗？

"好了，你先回去，我们研究一下再通知你。"高导演说。

宋大妈刚走，高导演就找来几位女演员，重新点燃火圈，让她们哭。高导演心想：不就是哭几声吗？有什么了不起？哭哭笑笑本来就是演员的拿手好戏，假如这几位女演员的哭声也能让哈雷跳火圈，那就不用花这个冤枉钱去雇宋大妈来当临时演员了。一切都布置得跟刚才宋大妈在的时候一样，只是铁圈的火孔被扭到了小挡，以方便哈雷蹿越。高导演一声令下，女演员哭泣起来，哈雷只是竖起耳朵朝火圈这边看了看，又懒洋洋地躺卧在地。"哭响一点，再响一点！"高导演说。女演员们放声号啕，遗憾的是，哈雷就像聋了一样，慢条斯理地用舌头舔自己的爪子。"哭得伤心一点，哦，要哭出感情来。"高导演就像在排练节目一样不断提示女演员，"不要假哭，要真哭，想想你们遭遇过的不幸：哦，钱包被偷了，哦，被男朋友抛弃了，哦，分房名单中没有你。要哭得悲恸欲绝、痛不欲生！"女演员们果然越哭越伤心，涕泪横流，差不多快哭晕过去了。凄凄惨惨，悲悲戚戚，马戏团快变成殡仪馆了。可恼的是，哈雷仍无动于衷，躺在地上伸了个懒腰，竟然闭起眼睛打起了瞌睡。高导演摇头叹息，不得不下令停止试验。

哈雷只对宋大妈的哭声有反应，换句话说，只有宋大妈的眼泪才能让哈雷克制对火的恐惧，从熊熊燃烧的火圈中蹿越过来。没办法，马戏团只好依照宋大妈提的条件雇她来当临时演员。虽然一个月付她一千块有点多，但比起老虎跳火圈这个节目所带来的经济效益，花这笔钱对马戏团来说毕竟还是很划算的。

一位动物行为学家是这样解释这件颇为蹊跷的事的："解剖学证明，半岁龄到一岁龄时期，是老虎智力发育的高峰期，也是培养行为模式、形成行为特征最重要的年龄段。对动物来讲，一旦养成某种行为模式和行为特征，终其一生都不会改变。宋大妈恰巧是在哈雷半岁至一岁这个关键年龄段遇到了不幸，天天搂着哈雷哭泣。宋大妈的哭声已深深镌刻在哈雷的脑子里，随着哈雷大脑的发育，在大脑皮层形成了一个类似于病灶的敏感点。一旦触动这个敏感点，就会使其产生特定的反应，也就是无论如何也要到宋大妈身边去，做出表示安慰的举动。就像一把钥匙开一把锁，只有宋大妈的哭声能触动这个敏感点，引起哈雷中枢神经的高度兴奋，使它产生条件反射，抑制住对火的恐惧。"

宋大妈对这件事却有她自己的解释："哈雷是只通人性的老虎，看我这个孤老婆子可怜，在报答我对它的养育之恩哩。"

宋大妈收入颇丰，又很节俭，日子变得好起来，添置了新家具和新衣裳，穿戴得整洁干净，脸色也红润了许多。熟人问起她的境况，她便笑眯眯地说："托老天爷的福，我养了个孝顺儿子，每月给我一千块钱养老哩。"

宋大妈的亲生儿子还在监狱里头，她说的儿子，就是老虎哈雷。

阳光的味道

牵手阅读

　　这个故事告诉我们，动物也是有感情的，就像老虎哈雷一样，它为了给宋大妈拭眼泪，不管环境如何，就算"上刀山下火海"也在所不辞，想尽一切办法保护她，报答她的养育之恩。所以，我们一定要善待动物，它们也是我们的朋友。

> 森林里，身子发颤的老人和天真的孩子行走在树林里，老爷爷在孩子的好奇下抚摸着松树，和松树对话，仿佛是自己的老友一般。他们去树林里干什么呢？

老人和鹿

乌热尔图

有个老人和孩子，走在树林里。

这是一个秋天。林子被霜染得十分漂亮。天很高，没有一片云。山显得有点儿矮，仍像往常那样，默默地耸立在河边。河水轻轻地流，发出甜蜜的微笑。

"孩子，你在后面走，不用领我。"老人边走边说。他走起路来身子有点儿发颤，但脚步很稳。

"老爷爷，你行吗？"孩子问。老人点点头。

"今天，是九月五号吧？"

"是的。"

"啊——九月五号。这是个好日子。"

"爸爸说，过三天就用车接咱们。"

"哦。三天，够用了。去年也是用了三天。"

老人走在小路上。他用手折断了拦路的枯枝，抬脚迈过了横在地上的倒木。小路转弯了。他在一棵松树旁停住脚步，伸手抚摸树干。他那双手干枯，布满皱纹，像干裂的树皮。

"又看见你了……"老人声音沙哑。

"老爷爷，你和谁说话？"跟在老人身后的孩子问。他满脸稚气，闪着一双好奇的黑眼睛，天真可爱。

"和我的朋友。"

"哦，你在和松树说话。"

"嗯，它还没死，和我一样——活得还算结实。就是说，它还没被人伐倒。哦……我像你这么大的时候，它只有碗口那么细。"

"老爷爷，你多大岁数了？"

"八十一啦！"老人咳了声，拍拍树干继续朝前走。

两人来到河岸。对岸是一片灌木丛，背后是拔地而起的山峰，山峰上挺立着石崖，它像一个威武的巨人。

老人停住脚步，站在那里。这里是一块难得的空地。

"孩子，就在这里，还是老地方。"

"老爷爷，再往前走几步……"

"我知道，你爸爸昨天把帐篷扎在那儿了。我说过，我不住帐篷。"

"里面还铺了气垫床呢，是新买的。"

"这两天不会下雨，我不住那儿，要是你怕冷，睡那儿吧。"

"不，老爷爷，我和你睡。"

"那好，现在生火，熬茶吧。"

孩子像只松鼠弯腰钻进帐篷，拎出一张犴（hān）皮，铺在地上。随后，又取来水壶、猎刀、小斧，还有毛毯和一些吃的，摆在长满青苔的地上。老人拎起水壶。

"老爷爷，我去拎水。"孩子上前攥住水壶。

"不，你去弄烧的，我行。"老人说着朝河边走去，他小心地迈着步，平稳地来到河岸旁，弯腰把水壶沉入河里，灌满了水，然后拎出来，放在岸上。

"老朋友，你还是这么清，清得让人看见你的鱼，鱼可是你的宝贝。"老人蹲在河边，把一只手伸进水中。

他走回来了，喘着粗气，坐在犴皮上。然后，伸手在地上摸索着，他摸到了一支两头削尖了的木杆。他把粗的那头用力插在地上，随后又拿起两个枝杈，顶在木杆中间，把水壶吊在上面。这一切他做得熟练自如。

"哗啦！"孩子抱来一搂干枝放在地上。

"嘘——你轻点儿，这不是在家。你看，这里多静。"

这里听不见让人心烦的机械作业的轰鸣声，鸟儿似乎也懂得珍惜安宁，都知趣地闭上了嘴。

孩子撇了一下嘴，弯腰在吊起的水壶下面塞了一把桦树皮，划着了火柴。火苗升起来了，着得很旺。

两人围坐在火堆旁。

晚饭是从家里带来的。有熟肉、蔬菜、罐头、烤饼。孩子用猎刀割了一小块熟肉，在嘴里嚼着，两只眼睛却在端详被火光映照的老人。一闪一闪的火光中，老人头上的白发更像雪了，脸上的纹路又粗又密，两只没有睫毛的湿润的眼睛，好像蒙了一层雾，暗淡无光，这真不应该是他的眼睛。

"老爷爷，你能告诉我吗？"

"什么？"

"为啥你年年都来这儿住几天，村里谁也劝不住。"

"啊，这个……你知道春天飞来的大雁吗？"

"我知道。"

"它们年年飞回来，一次也不错过。"

"……"

"它们——生在这儿。"老人加重了语气。

"我明白了，老爷爷。还有……都说你到这里来，是听山上野鹿叫唤，是吗？"

"是。我是来这里听野鹿的声音的，就像你听收音机里的歌。那可是真正的歌呀！"

"有人说，山上的野鹿救过你的命，是真的吗？"

"不，不是真的。这里的河、树、鸟儿、鹿，都是我的朋友。它们帮助过我，帮我活到现在……吃饭吧。"

吃过晚饭，老人抬头凝望西山。孩子枕着双手，叉开两条腿，躺在淡绿色的青苔上。

"太阳落得多慢，她不愿离开我们。她大吗？"老人问。

"又大又红，像火球。"孩子坐了起来，"老爷爷，你在山上好像啥都能看见。可在村里，你出门就让人领。"

"是这样。到了山里，我真觉得啥都能看见了，就好像这些树，长在我心里，连小路，也好像铺在我手掌上了。你知道，这些小路，有不少是我的脚踩出来的。"

"老爷爷，现在真让人猜不准你的眼睛，到底是好还是坏。"

"哦，这你不猜也知道。"

夜悄悄地来了，带着数不清的星星，陪伴着明晃晃的月亮。

天有点儿凉了。

孩子朝火堆上加了不少干枝。火着得"噼噼啪啪"地直响，热气扑在脸上。他有点儿困，在皮褥子上躺下了。他不想撇下老爷爷自己钻进暖和的帐篷里去睡，夜里就是很冷，他也和他睡在一起。他用毛毯裹住身子，仰脸瞧着老人。

老人安稳地坐着，火光把他的面孔映得庄严、神圣。他正在听着什么。

"老爷爷，你在听啥？"孩子好奇地问。

"嘘——轻点儿。我在听歌，小河唱的歌，这才是真正的歌。"

孩子侧过耳朵，听起来。缥缈的夜风送来河水的流动声，很有节奏，哗啦啦地响。声音时隐时现，时远时近。这纯净的音响，在这沉静的山林里，单纯，活泼，使人仿佛看得见河水的波动。

"睡吧，老爷爷。"孩子说。

老人若有所思："今天是五号吗？"

"是。你问过四遍了。"

"明天早上，那头鹿，就要在前面的山上叫了。叫得真好听！孩子，你听过吗？"

"是鹿叫吗？我没听过。"

"明天早上……你就能看见它。它长着七叉犄角，是一头老鹿。它就从那片林子里走出来……"老人抬起右手指了指，"啊，现在是夜里，你看不见了……它会一边叫，一边登上那个山崖。太阳就从它的身后升起来。真美，真好看！去年……它是六号早上叫的……前年，也是。"

"老爷爷，这么多山，它偏到这儿来吗？"

"孩子，鹿不像人。它爱上那座山，是不会甩掉的，除非它死了。"

"它来这儿干啥呢？"

"哦……叫我怎么说呢……它是为了爱情。"

"爱情？"

"和人一样的爱情，这你还不懂，你还小哇。"

"老爷爷，你打过鹿吗？"

"我……"老人好像突然被谁触到痛处。他的声音顿时低下去了，"现在，我喜欢鹿，最喜欢它，它没有一点儿坏心眼。"

夜深了。

孩子蜷缩在皮褥子上，进入了梦乡。老人仍在坐着，神态安详，享受着只有森林才能给予他的幸福。这一夜，他只打了个盹儿。

天空变得朦胧了。夜色悄悄地退去，林子上空出现玫瑰色的光亮。东山上散射出一片银光，银光向四处扩展。淡红色的早霞在山顶变幻出来，黎明来到了。

老人挺直了腰，坐得端正，面朝着小河对岸的山峰，静心地等待着。

流水声越来越小——没有野鹿的声音。

树梢上踏过晨风的脚步，树叶在颤抖——还是没有野鹿的动静。

"唉——你在哪儿？你会来晚吗？"老人心中有些焦急。猛然间，一缕温暖的光照射在他的脸上，他知道这是太阳升起来了。

"今天，不能来吗？"老人坐不稳了，深深地叹口气。这是他第一次失望。

"明天，明天会来的。"他自言自语，安慰着自己那颗老迈的、忧伤的心。他把脸转向东山，就是射来温暖光线的方向，迎着升腾的太阳。

这时，孩子醒了，他揉揉眼睛。

"老爷爷，你看啥？"

"太阳。她在瞅我。"

孩子爬起来，站着，伸个懒腰，望着从山顶的树隙间冉冉升起的火球。

"她的脸红吗？"老人声音很低。

"红，通红通红的。"

"她早上来，晚上回，都是这样。她也害羞，她也难受，就像一个出嫁的姑娘。"

"为啥？"

"她不愿离开森林。"老人的声音更低了，有点儿发颤。

"老爷爷，鹿叫了吗？我睡得真死。"孩子凑在老人身边，问。

"没——有。孩子，它没叫。它——没来。"

"它会出事吗？"

"不会的。它是一头老鹿，和我一样。"

"老爷爷，瞧你多硬实呀！"

"它也一样。除非它被人打死，被人套死，被人药死。唉——我……我也难说啦！你知道山坡上的石头吗？说不定，哪一阵风，哪一场雨，它就会裂，就会碎，变成小石

请让我拥抱你

083

块，滚下山，然后，躺在河边，变成一堆细沙。"

孩子不敢再问了，他知道老人心里难受。

太阳带来的是一个闷热的白天，真难熬。老人闷闷不乐地躺着，闭着眼睛。吃完早饭，他喝了几口酒，躺倒后就一动也没动。去年的今天，听完山上野鹿唱的歌，他兴奋地顶着火辣辣的太阳，不知疲倦地在林子里转悠，还采了一碗野果。可是如今，他躺了整整一个白天，像个病人。

夜晚，老人蒙上毛毯躺在火堆旁，他没有一点儿兴致了，没有一点儿勇气了，只有一线希望，这希望就像迷雾里的星星。他的希望寄托于即将来临的第二个黎明。

孩子睁大了眼睛瞅着老人，他听到了他的每一声叹息。他可怜他，同情他，他想搂住他哭。人为啥会老哇！不知什么时候，他怀着替老人忧愁的心情睡着了。半夜，他突然醒了，觉得脸上滴满了冰冷的雨点。他睁开眼睛。奇怪！满天繁星。他左右瞅了瞅，顿时明白了，原来这是眼泪，老人流下的眼泪。只见他悲哀地坐在他的身旁，神态像受了重伤的鹿。他那黯然无光的眼睛里继续流着泪，一滴一滴的泪。

天还有点儿黑，但离天亮不远了。孩子壮着胆爬起来，蹑手蹑脚地钻进帐篷里，取了一件东西，悄悄地走进了林子里。

天亮了，老人倚着树根坐着。

"呦——"山峰上突然传来响亮的声音，这好像是野鹿在叫。

老人猛地站起来，激动得全身都在颤抖。他背靠树干，用手拢住耳朵，细心地听着那渴望已久的声音。

他终于听清第二声鹿鸣。骤然间，他的脸变得阴沉、灰暗，嘴角在痛苦地抽动，身体慢慢地软瘫下去。飞翔的苍鹰被枪弹击中了。

过了一会儿，孩子回到他的身旁。"老爷爷，我听到鹿叫了，真好听。"

老人扶着树干挣扎着站立起来，睁大那双无神的眼睛，凝望着山峰，好像那一切都清晰地出现在他的眼前。他默默地站立着，满脸哀愁。过了好一会儿，他转过身来。

"是鹿叫？……真的吗？"老人的声音变得陌生了。

"是真的。真好听，和你说的一样。"孩子越说声音越低，好像只说给自己听。

"把——鹿——哨——给——我。"老人声音颤抖，说得很费劲。"老爷爷——"孩子伤心地哭了。他把身旁的松树根制成的、弯曲的鹿哨递给老人。

"谁教你的？"

"是爸爸……来的时候。"

老人抬起突然变得沉重的手臂，痛苦地拍着刻满皱纹的额头，手指用力地揪扯着白发。

"是——该——教——给——你——了。"他一字一字地说。然后慢慢地扬起头，背脊靠紧树干，把鹿哨吮在干裂的双唇里。

"呦——"

悠扬的鹿鸣从鹿哨中迸发出来，向山峰、河谷飘荡。山峰送来了拖长了的音乐般的回音，回音渐渐地消失了，森林恢复了平静。

"它没来，真的没来。它来的话，能回答我的。"老人忍耐着心灵上的创伤，他知道这伤口还在淌着血。他声音嘶哑、微弱了。

"老爷爷，你学得真像。"孩子怯生生地说。

"像也是假的。这儿没有鹿了，一只也没有了，孩子。"老人下了一个痛苦的结论。

"孩子，你听着。"老人又一次吮起了鹿哨。

"记住：这是老公鹿的声音。"老人告诉孩子。鹿哨又响了。

"记住：这是小公鹿的声音。"鹿哨发出的声音又变了。

"记住：这是母鹿的声音。"老人疲倦地放下鹿哨，他那瘦弱干瘪的胸脯上下起伏。

"给我一块桦皮。"他喘气都费劲了。

接过桦皮，他撕了撕，折成三角形的小块，含在嘴里，顿时，连续发出清脆娇嫩的声响——

"记住：这是鹿崽的声音。"

"记住：这是狍崽的声音。"

"记住：这是犴崽的声音。"

…………

老人长长地叹了一口气。

"孩子，我真累了。以后……你不会听见……这些声音了。你说……像歌吗？"老人整个身体都在颤抖，像暴风雨中的一棵孤树。他伸出双手，把孩子紧紧地搂在怀里。

"像歌，真像唱的歌。"

"比歌好听吗？"

"好听，比歌还好听。"

"去吧，孩子。拎点儿水，我真渴，咱们熬茶……我胸口真闷……快去吧。"

孩子含着泪，松开老人的手。他拎起水壶。

"你回来！"老人朝他喊。声音又低又哑。

老人又一次把孩子搂在怀里。孩子紧紧握住老人的手。他感到老人的手从来没有这么热过，褐色的手背上血管都膨胀起来了。

"孩子，告诉我，你爱山吧？"老人的声音这么悲哀，这么温情，带着哭腔，带着恳求。

"老爷爷，我爱。"

"你爱林子吗？"

"我爱。"

"你爱小河吗？"

"我爱。"

"你爱山上的鹿吗？"

"我爱。"

"孩子，你记住，就像爱你的兄弟，就像爱你的母亲那样爱吧，爱吧。记住……我的话。人永远离不开森林，森林也离不开歌。"

"老爷爷你哭啦！"

"我——哭——啦！"老人捂着脸痛哭起来，"那头鹿……不愿来……来和我……告别了。它……嫌弃……我啊。——"老人痛苦地叫了一声，"……那善良的……它们，嫌弃我，都在，嫌弃我。呜呜——"老人低着头，肩膀在抖。

"老爷爷，你别哭了。"孩子跺着脚哭喊。

"准是……它——死——了。"

"你别怨我。老爷爷，我没告诉你，爸爸对我说，那头鹿让人用铁丝套死了。"

"它死了。它——真——的——死——了。"老人的声音低得几乎听不见了，"孩子——你——去——拎——水。"

"你等我，老爷爷。"孩子撒腿朝河边跑去。

他刚把水壶浸到河水中，猛地听到身后响起一声凄惨的喊叫。

"啊——！"

他大吃一惊，预感到有什么事将要发生，扔下水壶往回跑去。

老人栽倒在地上，刻满皱纹的脸紧贴着地面，伸直了的双臂，好像搂抱着大地。

他的眼角还挂着泪珠。

…………

牵手阅读

　　乌热尔图是现代鄂温克族作家，他的作品多充满生态意识。在《老人和鹿》中，老人就像爱自己和亲人一样热爱山和林子。文章中的另一形象——鹿是这篇小说的主线，是老人骨气、情义、顽强不屈的精神和昂扬斗志的映照，它们和老人一同感受枪弹血影和生死伤痛。而同时，鹿也是自然生态变化的象征。你认为文中的鹿有哪些含义？如果你是文中的孩子，你怎么理解老爷爷和自然的感情呢？

探索生命的意义

导读

一只奄奄一息的小公鸡，即将被死神带走。就在他等死的时候，死神想起了一件急需处理的事情，给了小公鸡一段空闲的时间，在这段未知的时间中，他会做些什么呢？

如果还有三分钟

汤　汤

一只小公鸡歪歪地伏在地上，没有一丝力气。

死神飘飘忽忽地到来，说道："嗨，小公鸡，跟我走吧。"

"可是，我还很小啊。"

"你确实小了点。但降临这个世界，或者离开，都是没有办法的事情哪。"

小公鸡忍不住啜泣起来。

这时，死神忽然想起一件要紧的事儿。

"我去去就回！"他说。

小公鸡抹着眼泪发了会儿呆。

起先，他木木地等着死神回来。

然后，他想起了三十步外的葡萄园，妈妈说再等一个月，葡萄就熟透啦。

如果还有三分钟，我要去吞下一颗葡萄才好。

可是还有三分钟吗？

试试看吧。

他往葡萄园慢慢走去。每走完一步，他都以为，下一步，死神就该到了。

一串一串青青的葡萄哟，小公鸡仰起脖子啄下一个，哎呀，又苦又涩，又酸又麻。

小公鸡把它整个儿吞下肚，他对自己说："真好，我知道葡萄的味道。"

如果还来得及进那个山洞瞧瞧，就更好了，小公鸡想。

妈妈说世世代代的鸡，谁也没有去过那里，因为里边有很可怕的东西。

小公鸡曾经想过，等自己长大了，长到足够强壮，一定要去瞧个究竟。

可是，他等不到足够强壮的那一天了。

山洞在屋后一百步远的地方，如果还有五分钟，就能走到吧。

可是还有五分钟吗？

不管怎样试试看吧。

他往山洞慢慢走去。每走完一步，他都以为，下一步，死神就该到了。

洞里边可真黑。

小公鸡一会儿踩到湿漉漉的泥土，一会儿踩到硬邦邦的石头。不一会儿，他从另外一个洞口走了出去。

洞里啥也没有。

他欢快地叫了一声："喔啾——"

死神还没有回来。

小公鸡开始想念一只叫作云朵的小鸡，她住在两棵杨梅树下。

他很喜欢她，却从没有勇气和她说过一句话。

如果还有十分钟，应该再去看她一眼。

可是还有十分钟吗？

试试看吧。

小公鸡往两棵杨梅树慢慢走去，每走完一步，他都认为，下一步，死神就该到了。

他在半道遇见了她。换作以前，他会紧张得一溜烟跑远。

可是现在他用最大的嗓门说："我喜欢你。"

"真的吗？"

"真的。"

唤作云朵的小鸡红着脸说："你等我长大哦，我也等你长大。"

小公鸡快乐极了，原来她也喜欢他呀。

天色一点一点地黑了。

小公鸡眼巴巴地等着妈妈回家，她一早就出门去了。

他想要亲一下妈妈，他从来没有亲过她。

"有出息的公鸡要善于把情感隐藏，藏得越深越好。"长辈们总是这样教导。

如果还有半个小时，我就能等到妈妈了吧。

可是还有半个小时吗？

他焦急地等着，每过去一分钟，他都认为，下一分钟死神就该到了。

妈妈终于出现在门口，她说："儿子，你看起来精神多了。"

小公鸡扑上去，踮起脚尖，又使劲儿往上跳，亲到了妈妈的脸颊。

"妈妈，我爱你。"

妈妈愣了愣，她看起来惊讶极了，又幸福极了。

"我也爱你，宝贝。"

他偎依在妈妈身边享用晚餐。

晚餐过后，他又想到一件必须马上做的事情——向二姐道个歉。

二姐有一个秘密的瓶子，瓶里装着麦粒，藏在灌木丛里，准备放到冬天再吃，却被小公鸡发现了，他每天去偷吃，吃到见了底。二姐看到瓶子空了，哭了很多天。

可是二姐已经睡了。

二姐睡觉的时候谁也叫不醒。

除非你用一个小时连续不断地摇她。

小公鸡想，还有一个小时的时间吗？

不管怎样试试看吧。

小公鸡终于推醒了二姐。

"对不起，是我偷吃了你的麦粒。"

"原来是你，你真是太坏了！妈妈，妈妈快来呀！"

妈妈来了，痛骂他一顿，还罚他一天不能吃饭，两天不能外出，三天不准说话。

二姐嚷嚷："不够，不够。"

"好吧，两天不能吃饭，四天不能外出，六天不准说话。"妈妈说。

小公鸡不难过，反而觉得心里轻松极了。

后来大家都睡了。

在睡去的前一秒钟，小公鸡对自己说："如果还来得及做个美梦，那有多好。"

他马上睡着了，果然做起了美梦，不是一个，是一个接着一个。

他梦见大颗大颗的葡萄紫莹莹的；

他梦见自己长到足够大，又帅又强壮，羽毛在阳光下闪闪发亮；

他梦见和两棵杨梅树下的云朵结婚了；

他梦见率领一百个孩子去散步，每一个孩子，都有不一样的名字……

醒过来是第二天早上，死神蹲在他身旁。

小公鸡说："您回来啦？"

死神说："是啊，那件事儿把我累得够呛。你看起来很好嘛。"

"我做完了最想做的事情，我已经不那么难过啦。哦，等等，如果您再给我三分钟，我想……"

"放心吧，我亲爱的小公鸡，你还有很多很多分钟，数也数不完。"

"您是在开玩笑吗？"

"现在你身上充满了力量，我没法带走你了，我亲爱的小公鸡，再见吧。"

牵手阅读

就在临死前的几分钟，小公鸡做了很多他一直想做却始终没有去做的事情：去尝了尝从没吃过的葡萄，去了从不敢去的山洞，去和自己喜欢的小母鸡表白，去亲吻了自己的妈妈，去和二姐道了歉。在这短暂的时间里，小公鸡完成了自己一直以来的梦想，找到了自己生活的方向和价值，而看着小公鸡重燃生活的希望，死神也不能将他带走了。人生就应该勇敢一些，放手去做，不留遗憾。大家想一想，你有什么至今想做却不敢做的事情吗？马上行动起来吧！

"岁月"往来于无形，却又时时刻刻陪伴在我们左右，你感受到"岁月"的脚步了吗？你对"岁月"有过什么样特别的体验呢？让我们一起走进文章，看看作者从"岁月"中读出了什么吧！

岁月的目光

赵丽宏

　　岁月的目光，无时无刻不审视着这个世界上的每一个人。它能穿透一切峭岩高墙，能逾越一切湖海大川，也能剖视一切灵魂，不管你是高尚还是卑微。

　　只要活着，你就不可能是雕像，在原地一动不动。也许你正在气宇轩昂地阔步前行；也许你无奈地在原地徘徊；也许你不敢正视前方，瑟缩地一步步往后退却……

　　这一切，都无法躲避岁月的目光。

　　岁月把你的一切举动都看在眼里。它不会为你喝彩，不会为你叹息，更不会为你流泪。然而它会掠过你的心灵，使你领悟到时光对于你的意义。

　　心怀着远大目标阔步前行的人，总能和迎面而来的岁月目光相逢。这是闪电般的撞击，岁月用灿烂的目光凝视你，你用坦然的眼神回望它，有多少晶莹的火星，在这相互的凝望中飞扬闪烁。如果这世界曾笼罩黑暗，这样的目光交流，会照亮朦胧的夜空。前进的脚步声是多么美妙的音乐！只有行进中的人才能发现岁月赞叹的目光。

　　如果你在原地徘徊，岁月的目光也不会和你擦肩而过。只要你还醒着，哪怕你因为羞愧无法抬头，你也能看到，迎面逼过来的岁月，正用炯炯眼神扫射你凌乱曲折的脚印……

　　如果你在颓丧中后退，岁月不会因此而停止它的脚步。当岁月之河在你的身边哗哗流过时，你会发现，它的目光犹如针芒，刺灼着你的双脚。如果你还没有昏庸到神志不清，你会在它的刺灼中一跃而起。

　　是的，所有的人都会被岁月的流水淹没。而那些无愧于人生、无愧于岁月的人，会成为美丽的雕像，站立在岁月的河畔，岁月的目光将久久地抚摸他们，让后来的人们在它灼灼的凝视中欣赏他们，发现他们曾经把生命的火花燃烧得何等灿烂夺目。

抬起头来，朋友，迎着岁月的目光，脚踏实地向前走。让你的目光，在行进中和岁月交流。只要你向前走着，你一定会看到，在人生的旅途上，到处是目光和目光的交流，它们如霞飞电闪，辉映着生活，辉映着我们的世界。

 **牵手阅读**

赵丽宏是我国著名作家、散文家、诗人，其文风优美浪漫，情感真挚，善于用文字传达对于人生的感悟，对于理想的美好憧憬，对广大读者，尤其是对青少年产生了深远而广泛的影响。《岁月的目光》一文将抒写的笔触集中在"岁月"这一始终牵引着我们、注视着我们、见证着我们的人生伴侣。无论我们处于激昂进取的阶段，还是在原地徘徊、颓丧后退的时刻，时间都会用它晶莹闪烁的双眼给予我们审视与注目，使我们知晓光阴的可贵和易逝。时光告诉我们，只要以踏实和笃定践行人生的

理想、实现个体的意义，我们就会成为时间长河中的永恒而熠熠闪光。那么同学们，你们还有什么想对"岁月"说的话吗？我们应该怎么珍惜光阴与岁月呢？

导读 ......

有这么一块儿烫石头，可以使人返老还童，从头活起。获得新生，听起来是件不可多得的好事，那么，这是否是人们普遍渴望的事情呢？

一块烫石头

［俄］阿·盖达尔

村里有个孤老头儿，靠编篮子啊、缝毡靴啊、看守农庄果园不让孩子进去啊过日子。他身体很坏，他瘸着腿，头发过早地白了，还有道弯弯的深疤打颊帮一直通过了嘴唇。这一来，就算是笑吧，他那张脸看上去也像是很悲伤，像是凶巴巴的。

有一回，一个叫小伊凡的孩子爬进农庄果园，想偷苹果吃。没想到，裤腿在围墙钉子上一挂，扑通一声落到下面带刺的醋栗丛里了。伊凡浑身是伤，哇哇大哭。好，这一下给看守人抓住了。不用说，老头儿可以拿荨麻抽他，甚至可以拖他到学校去告状，可老头儿可怜伊凡。伊凡两只手都刺伤了，裤腿撕破了，一条破布片挂在屁股后面，像条羊尾巴，通红的脸颊上吧嗒吧嗒地掉眼泪。

老头儿一声不响，把吓破了胆的伊凡从园子门带出去，放他走了，没打他一下，甚至没有在背后说他一声。

小伊凡又羞又恼，溜进林子，走迷了路，到了一个沼地。他累坏了，看见青苔中间露出一块石头，就往上一坐。可他马上"哎哟"一声跳得老高，因为他觉得就像坐在一只野蜂上面，野蜂打裤子后面那个窟窿狠狠地蜇了他的屁股。

可回头一看，石头上根本没有野蜂，只是像被烧烫的煤块似的。石头表面上还露出些字，给泥糊住了。

这是块魔石头——伊凡这样想！他踢下一只鞋子，用鞋后跟擦掉石头上的泥。

他读到这样的文字：

这石头放到山上，谁打碎它，

谁就能返老还童，从头活起。

文字后面还有个图章。这图章很复杂，有两个十字，三条尾巴，一个圈圈加一竖，还有四个逗号。

伊凡读后，觉得很不痛快。他才八岁，要是从头活起，他一年级就得再念一年，这他想都不敢想。

这块石头要是让他不用念学校里的功课，一下子就从一年级跳到三年级，那又另当别论了！

愁眉苦脸的伊凡打果园经过，又看到了那老头儿正在咳嗽，老停下来喘气，手里提着桶石灰浆，肩膀上掮着把树皮丝刷子。伊凡想："瞧这个人，他本来可以随便用荨麻打我，可他可怜我，没有打。现在让我也可怜可怜他，叫他返老还童吧，这样他就不再咳嗽，不再瘸腿，呼吸也不再那么困难了。"

于是好心的伊凡来到了老头儿面前，开门见山，把事情一五一十告诉了他。老头儿好好地谢过小伊凡，可是不肯擅离职守上沼泽地去，因为世界上这种人还是有的：趁这个机会溜进果园，把水果偷得一个不剩。

老头儿叫小伊凡自己到沼地上去，把石头挖出来，搬到山上去。他待会上那儿，拿样什么东西把石头敲开。

事情闹成这样，叫伊凡很不高兴。可他没有拒绝，他不想让老头儿生气。第二天早晨，小伊凡拿起厚麻袋，戴了双粗麻布手套，为的是不让手给石头烫伤，就上沼泽地去了。

伊凡弄得浑身是泥，好不容易把石头从沼泽地里挖了出来，接着他就吐出舌头，在山脚的干草上一躺。

他心里说："好吧！我把这块石头推到山上去，等会儿瘸腿老头儿来了，就敲碎石头，返老还童，从头活起啦。大伙儿都说他一辈子吃够了苦。他年纪大了，孤单单的，挨过打，遍体鳞伤，不用说，从来没得到过幸福。别人却得到过。"他小伊凡虽然小，这种幸福也得到过三次。一次是他上学要迟到了，一位素不相识的司机用闪闪发亮的小汽车把他从农庄一直送到了学校门口；另一次是春天里，他赤手空拳在沟里捉到一条大梭鱼；还有一次是米特罗方叔叔带他进城过了一个快活的五一节。小伊凡慷慨大方地拿定了主意："好，就让这位不幸的老头儿过一下好日子吧。"

他想到这里，站起身子，耐心地把那块石头推到山上去。

太阳快下山了，老头儿才上山向小伊凡走过来。这时，小伊凡已经精疲力竭，浑身发抖，蜷成一团，在烫石头旁边烘烤又脏又湿的衣服。

"老爷爷，你怎么不带锤子、斧子、铁棍啊？"小伊凡惊奇地叫起来，"难道你想用手把石头砸碎吗？"

"不，小伊凡，"老头儿回答说，"我不想用手把石头砸碎。我根本就不想砸碎它，因为我不想从头活起。"

老头儿说着，走到惊奇的小伊凡身边，摸摸他的头，伊凡感到老头儿沉重的手掌在哆嗦。

老头儿对小伊凡说："当然，你准以为我老了，瘸着腿，残废了，很不幸，其实我是天底下最幸福的人。

"我这条腿是给一根木头压断的，可那时候我们是在推倒围墙，正在构筑街垒，举行起义，要推翻你只在画片上看到过的沙皇。

"我的牙给打落了，可那时候我们被投入了监狱，齐声歌唱革命歌曲。我的脸也在战斗中被马刀劈伤，可那时候最早的人民团队已经开始反击白匪。

"我害了伤寒病，待在又矮又冷的板棚里，躺在干草上翻来覆去地折腾，说着胡话。可有一件事比死更可怕，就是我听说我们的国家遭到包围，敌人的军队要战胜我们了。然而，我在重新闪耀的太阳的第一道光芒中清醒过来，我知道了，敌人又被击溃，我们又进攻啦。

"我们这些幸福的人相互从一张病床向另一张病床伸出了瘦骨嶙峋的手，当时胆怯地幻想着，即使不在我们生前也在我们死后，我们的国家将变得像今天这样的强大。

傻伊凡，这还不是幸福吗?！我为什么要另一次生命，要另一个青春时代呢？我曾经是过得很苦，可我过得光明正大！"

老头儿说到这里停下来，拿出烟斗来抽。

"对的，老爷爷！"小伊凡听了轻轻地说，"既然这样，这块石头本可以安安静静地躺在那个沼泽里，我干吗费劲把它搬到山上来呢？"

老头儿说："让大家看到它，小伊凡，你看看以后会怎么样吧。"

许多年过去了，那块石头依然在那山上原封不动，没有砸碎。

不少人在它旁边经过，走过去看看，想了想，摇摇头，又走了。

我有一回也到过那山上，当时我正心中有病，情绪很坏。我想："怎么样，让我把石头砸碎，从头活起吧！"

可是我站着站着，就改变了主意。

我想，邻居们看我返老还童就会说："哈哈，瞧这小傻瓜！他显然没有把一辈子像样地过好，得不到自己的幸福，如今又想从头再来一次了。"

我捻了根烟卷，为了不浪费火柴，就用烫石头点着了。接着，我沿着我自己的路，走了。

（任溶溶 译）

 牵手阅读

　　盖达尔是俄罗斯著名的儿童文学作家，本文中老人的回忆实际上反映了作者的真实经历。盖达尔的主要作品有《铁木儿和他的队伍》《一块烫石头》《少年鼓手的命运》等。文章讲述了一块可以使人返老还童、从头活起的烫石头的故事，引发了我们对人生的某种思考。我们每个人都是由从出生到现在的各种经历所构成的主体，读过的书、遇到的人、经历的每一个事件，都在你的生命中留下了痕迹。老人尽管已如残烛，且伤痕累累，却为自己过去的峥嵘岁月感到由衷的自豪。你读完能概括文中主人公的个性特征吗？

导读

　　生老病死是生命的正常轮回，每个人都会老去，爷爷奶奶会老去，爸爸妈妈也会老去，尚处在青春年少的我们也会老去。可是，温妮遇到了一家人，他们永不会老去……

不老泉（节选）

［美］娜塔莉·巴比特

第1章

　　通往林间村的小路，是很久以前被一群悠闲自在的牛踩出来的。小路蜿蜒曲折，弯度舒缓，摇摇摆摆地从最平坦的坡度爬上小山，慢慢悠悠地踱下蜜蜂飞绕的苜蓿草丛，穿过山脚的草地。小路的踪迹到了这儿就散漫地化开，好像停顿了，那应该是安详的牛儿们在细嚼慢咽着青草，陷入了牧歌式的冥想吧。之后小路又恢复了清晰的形迹，终于朝林子而去。可就在快到林边的树荫时，小路突然来了个急转弯，好像牛群走到这里终于想起这是什么地方，从林边绕了过去。

到了林子的另一端，那种悠然的气氛消失了。小路不再属于牛群，这里的一切一下子成了村民们的领地。太阳骤然间变得格外火辣，尘土漫天，路两旁的草稀稀拉拉，一片凄凉。小路的左侧是林间村的第一幢宅子，方正坚固，气派凛然。宅子四周是一片被残忍地剪到平贴地面的草坪，外面围了一圈一米多高的粗壮铁栅栏，像是在明确地警告："走开，这里不需要你！"没办法，小路只好低声下气地绕开，继续往前一直延伸到村子里。路旁的房子越来越多，看上去也不像第一幢宅子那么森严。不过整个村里除了一座监狱和绞刑架外，没什么可瞧的。只有那头一幢宅子叫人忘不了，还有就是小路和那片林子。

那片林子是有点古怪。虽然它和头一幢房子一样都令人无法亲近，但原因却完全不同。那幢宅子是如此盛气凌人，让人忍不住想对它吼几声，甚至朝它扔几块石头。而林子却像是沉入睡梦之中，在另一个世界，在它面前，人们会不由自主地压低嗓门。牛群经过时多半也是这么想的："别吵它，让它好好睡吧。"

但村里人会不会这么想，就很难说了。也许有的人跟牛想的一样，但多数人绕着林子走，只是因为路就是这么走的，并没有可以穿过林子的路。而且，人们不想进林子还有一个原因，就是这林子是属于福斯特家的，是那幢森严大宅主人的私产。所以，虽然林子外头没围着铁栅栏，可以随意进出，却没人这么做。

可要是仔细琢磨，就会发现"土地属主"这种说法挺奇怪。往下多深算是他的？是不是从地面往下直到地心都是他的？还是他只有地面薄薄的一层，地底下那些与世无争的小虫子不必担心有擅入之罪？

不管怎么说，地面上树林的一枝一叶——当然，地底下的根不算——都属于那幢倨傲宅院的主人。就算他们从不进林子散步或者干别的，那是他们自己的事。福斯特家的独生女儿温妮就从来没进去过，尽管她有时会站在铁栅栏里头，一边用树枝漫不经心地敲打着栅栏，一边望着林子。她对林子没什么兴趣。人都是这样，对自己拥有的东西不会稀罕，除非那不是他的。

再说，这区区几英亩的小林子有什么可稀罕的？它昏暗阴沉，只能从枝叶间透进几缕阳光，松鼠和鸟儿倒是不少，地上厚厚一层湿漉漉的落叶。别的就是些常见而且不讨人喜欢的东西了，比如荆棘、蜘蛛、毛毛虫之类。

说到底，林子能远离人间烟火还真多亏了那群牛。那群牛的确相当有智慧，虽然它们还没聪明到能了解自己的智慧。如果它们当初没绕过林子，而是直接穿过的话，那么人们也会顺着路进来，迟早会发现林子中央那棵巨大的白蜡树，以及交错纠结的树根间、卵石覆盖之下的那眼泉水。这个发现将会给这个古老疲惫的地球带来毁灭性的灾难。那时，不管人类是否同时拥有地表和炽热的地心，地球都将会在地轴上颤抖，就像一只被大头针钉住的甲虫。

第2章

在八月头一个星期的那一天，天刚亮，梅就醒了。她在床上躺了好久，乐滋滋地看着天花板上的蜘蛛网，然后大声说："孩子们明天就要回家啦！"

梅的丈夫塔克背对着她躺在旁边，一动不动。他还在梦乡中，平日满脸的忧容此时舒展了。他在轻轻地打呼噜，嘴边漾着微笑。除非是在梦里，塔克平时很少笑。

梅从床上坐起身来，耐着性子看着他。"孩子们明天就要回家啦。"她又说了一次，声音更大了些。

塔克抽动了一下，笑容不见了。他睁开眼睛。"干吗要吵醒我？"他叹了口气，"我又在做那个美梦了，梦见一家人都在天堂，完全不知道有林间村。"

梅皱起眉头。她的身材像个大土豆，有一张聪明的圆脸和一双沉静的棕色眼睛。"那种梦做了也没用，"她说，"什么也改变不了。"

"你老是这么说，"塔克再次背过身去，"可要做什么梦也由不得我。"

"也许吧，"梅说，"可不管怎样，你也该习惯这一切了。"

塔克嘟哝道："我还想睡。"

"我可不想睡了，"梅说，"我要骑马去林子接他们。"

"接谁？"

"孩子们啊，塔克，我们的两个儿子。我要骑马去接他们。"

"最好别去。"塔克说。

"我知道，"梅说，"可我忍不住啊，反正，上次去林间村是十年前的事了，不会有人记得。我会在太阳下山后再进林子，不进村。就算被人撞见了，他们也不记得我是谁。他们过去从没认出我来，不是吗？"

"那就随你吧，"塔克倒回枕头，"我还要再睡会儿。"

梅下床换衣服。她穿了三件衬裙，再套上一件带大口袋的铁褐色裙子、一件旧棉外套，披上一条手织披巾，又用一枚色泽暗淡的金属胸针把披巾别住。

塔克听声音就知道她在穿什么，眼睛没睁开便说："这么热的夏天，别用披肩了吧。"

梅没接茬儿，却问："你没问题吧？我们得明天很晚才能回来。"

塔克翻过身，无奈地看着她。"我在这个世界上还能出什么事？"

"倒也是，"梅说，"我把这忘了。"

"我可忘不了。"塔克说，"旅途愉快。"他立刻又睡着了。

梅坐在床沿，套上短皮靴。皮靴已经又薄又软，这么多年还没穿烂可真是个奇迹。她站起身，从床边的盥洗台上拿起一件四方形的小物件，是个八音盒，上面画着玫瑰和铃兰。她只有这么个好看的小玩意，到哪儿都带着。她摸到了盒底的发条钥匙，再看看床上的塔克，摇摇头，轻轻拍了拍盒子，放进裙子的大口袋里。最后，她取下那顶帽檐已经耷拉的蓝色草帽，严严实实扣在脑袋上。

戴草帽之前，她把灰褐色的头发梳到脑后，挽了个发髻。她的动作很娴熟，连镜子都不用瞄一眼。其实盥洗台上架着一面小镜子，但梅用不着，她很清楚会在镜子里看到什么，早就对自己的模样失去兴趣了。八十七年了，她和丈夫，还有儿子迈尔斯和杰西，样子一点儿都没变过。

（吕明 译）

牵手阅读

本书作者娜塔莉·巴比特是写少年幻想小说的高手，《不老泉》是她的成名作。少女温妮因为在森林里意外发现了一口神奇的不老泉，从而知道了长生不老的塔克一家人的秘密。温妮在刚刚发现长生不老的泉水时是什么感受呢？目睹了塔克一家因长生所经历的痛苦和危机后，她的想法又发生了哪些变化呢？长生不老是好事还是坏事呢？故事的主人公温妮在经历了这一系列事件后，更加清楚地明白了生命的意义，那就是更新、成长和不断前行。读完这个故事你有哪些新的体会吗？

打翻盛放童年的瓶子

导读 ⋯⋯⋯⋯⋯⋯⋯⋯⋯⋯⋯⋯⋯⋯

　　每一个人的童年总是有着大大小小的"笨事"，在犯错与纠错的过程中获得新的体悟与成长。作者赵丽宏儿时曾做过什么让人啼笑皆非的"笨事"呢？让我们一起来看一看吧！

童年笨事

赵丽宏

　　如果回想一下，每个人儿时都曾做过一些笨事，这并不奇怪，因为儿时幼稚，常常把幻想当成真实。做笨事并不一定是笨人，聪明人和笨人的区别在于：聪明人做了笨事之后会改，并且从中悟出一些道理；而笨人则屡错屡做，永远笨头笨脑地错下去。

　　我小时候笨事也做得不少，现在想起来还会忍不住发笑。

追 屁

五六岁的时候，我有个奇怪的嗜好：喜欢闻汽油的气味。我认为世界上最好闻的味道就是汽油味，比那种绿颜色的明星牌花露水味道要美妙得多。而汽油味中，我最喜欢闻汽车排出的废气。于是跟大人走在马路上，我总是拼命用鼻子吸气，有汽车开过，鼻子里那种感觉真是妙不可言。有一次跟哥哥出去，他发现我不停地用鼻子吸气，便问："你在做什么？"我回答："我在追汽车放出来的气。"哥哥大笑道："这是汽车在放屁呀，你追屁干吗？"哥哥和我一起在马路边前俯后仰地大笑了好一阵。

笑归笑，可我的怪嗜好依旧未变，还是爱闻汽车排出来的气。因为做这件事很方便，走在马路上，你只要用鼻子使劲吸气便可以。后来我觉得空气中那汽油味太淡，而且稍纵即逝，闻起来总不过瘾，于是总想什么时候过瘾一下。终于想出办法来。一次，一辆摩托车停在我家弄堂口。摩托车尾部有一根粗粗的排气管，机器发动时会喷出又黑又浓的油气，我想，如果离那排气管近一点，一定可以闻得很过瘾。我很耐心地在弄堂口等着，过了一会儿，摩托车的主人来了，等他坐到摩托车上，准备发动时，我动作敏捷地趴到地上，将鼻子凑近排气管的出口处等着。摩托车的主人当然没有发现身后有个小孩在地上趴着，只见他的脚用力踩动了几下，摩托车呼啸着箭一般蹿出去。而我呢，趴在路边几乎昏倒。

那一瞬间的感觉，我永远不会忘记——随着那机器的发动声轰然而起，一团黑色的烟雾扑面而来，把我整个儿包裹起来。根本没有什么美妙的气味，只有一股刺鼻的、几乎使人窒息的怪味从我的眼睛、鼻孔、嘴巴里钻进来，钻进我的脑子，钻进我的五脏六腑。我又是流泪，又是咳嗽，只感到头晕眼花、天昏地暗，恨不得把肚皮里的一切东西都呕出来……天哪，这难道就是我曾迷恋过的汽油味儿？等我趴在地上缓过一口气来时，只见好几个人围在我身边看着我发笑，好像在看一个逗人发乐的小丑。原来，猛烈喷出的油气把我的脸熏得一片乌黑，我的模样狼狈而又滑稽……

从此以后，我开始讨厌汽油味，并且逐渐懂得，任何事情，做得过分以后，便会变得荒唐，变得令人难以忍受。

囚　蚁

　　童年时曾经认为世界上所有的动物都可以由人来饲养，而且所有的动物都可以从小养到大，就像人一样，摇篮里不满一尺长的小小婴儿总能长成顶天立地的大巨人。连蚂蚁也不例外。歌里唱过"小蚂蚁，爱劳动，一天到晚忙做工"，所以我对地上的蚂蚁特别有好感，常常趴在墙角或者路边仔细观察它们的活动，看它们排着队运食物、搬家，和比它们大无数倍的爬虫和飞虫们作战……大约五岁的时候，有一天我和妹妹突发奇想：为什么不能把蚂蚁们放到玻璃瓶里养起来呢？像养小鸡小鸭那样养它们，给它们吃，给它们喝，它们一定会长大、长得比蟋蟀和蝈蝈们还要大。

　　这件事情并不复杂。找一个有盖子的玻璃药瓶，然后将蚂蚁捉到瓶子里，我们一共捉了十五只蚂蚁，再旋紧瓶盖。这样，这十五只蚂蚁便有了一个透明整洁的新家。我和妹妹兴致勃勃地观察着蚂蚁们在瓶子里的动静，只见它们不停地摇动着头顶的两根触须，急急忙忙地在瓶子里上下来回地走动，似乎在寻找什么。我想它们大概是饿了，便旋开瓶盖投进一些饭粒，可它们却毫无兴趣，依然惊惶不安地在瓶里奔跑。它们肯定在用它们的语言大声喊叫，可惜我听不见……第二天早晨起来，我第一件事情就是看玻璃瓶里的蚂蚁。

只见那十五只蚂蚁横七竖八躺在瓶底下，安安静静地一动也不动，它们全都死了。我和妹妹很是伤心了一阵，想了半天，得出结论：是因为药瓶里不透气，蚂蚁们是闷死的。（现在想起来，更可能是瓶里的药味使小蚂蚁们送了命。）

原因既已找到，新的办法便随之而来。我找来一只火柴盒子，准备为蚂蚁们做一个新居。怕它们再闷死，我命令妹妹用大头针在火柴盒上扎出一些小洞眼，作为透气孔。当时已是深秋，天气有些冷，于是妹妹又有新的担忧："火柴盒里很冷，小蚂蚁要冻死的！"对，想办法吧。在妹妹的眼里，我这个比她大一岁的哥哥是无所不能的。我果然想出办法来：从保暖用的草饭窝里抽出几根稻草，用剪刀将稻草剪碎后装到火柴盒里，这样，我们的蚂蚁客人就有了一个又透气又暖和的新窝了。我和妹妹又抓来一些蚂蚁关进火柴盒里，还放进一些饼干屑，我们相信蚂蚁们会喜欢这个新家。遗憾的是不能像玻璃瓶一样在外面可以观察它们了。但可以用耳朵来听，把火柴盒贴在耳朵上，可以听见它们的脚步声。这些窸窸窣窣的声音极其轻微，必须在夜深人静时听，而且要平心静气地听。在这若有若无的微响中，我曾经有过不少奇妙的遐想，我仿佛看见那些快乐的小蚂蚁正在长大，它们长出了美丽的翅膀，像一群威风凛凛的大蟋蟀⋯⋯

然而我们的试验还是没有成功。不到两天时间，火柴盒里的蚂蚁们全都逃得无影无踪。我也终于明白，蚂蚁们是不愿意被关起来的，它们宁可在墙角、路边和野地里辛辛苦苦地忙碌搏斗，也不愿意在人们为它们设置的安乐窝里享福。对它们来说，没有什么比自由的生活更为可贵。

跳　河

在几十双眼睛的注视下，我爬上了苏州河大桥的水泥桥栏。我站得那么高，湍急的河水在我脚下七八米的地方奔流。我闭上眼睛，深深地吸了一口气，准备往下跳，然而脚却有点儿发抖⋯⋯

背后有人在小声议论——

"喔，这么高，比跳水池的跳台还高！这孩子敢跳？"

"胆子还真不小！"

"瞧，他有些害怕了。"

议论声无一遗漏，都传进了我的耳朵。于是我闭上了眼睛，又深深地吸了一口气……

这还是读初中一年级时的事情。放暑假的时候，我常常和弄堂里的一批小伙伴一起下黄浦江或者苏州河游泳。有一天，看见几个身材健美的小伙子站在苏州河桥栏上轮流跳水，跳得又潇洒又优美，使人惊叹又使人羡慕。我突然也想去试一试，他们能跳，我为什么不能呢？小伙伴们知道我的想法后，都表示怀疑，他们不相信我有这样的胆量。我急了，赌咒发誓道："你们看好，我不跳不姓赵！"看我这么认真，有几个和我特别要好的孩子也为我担心了，他们说："好了，我们相信你敢跳了。你可千万别真的去跳！""假如'吃大板'，那可不是闹着玩的！"（"吃大板"，指从高空落水时身体和水面平行接触，极危险。）可是再也没有人能够阻拦我的决心。我爬上桥栏时，小伙伴们都为我捏一把汗，有几个甚至不敢看，躲得远远的……

然而当我站到高高的桥栏上之后，却真的害怕起来，尤其是低头看桥下的流水时，只觉得头晕目眩。在这之前，我从未在超过一米以上的高度跳下水，现在一下子要从七八米高的地方跳入水中，而且没有任何准备和训练，真是有点冒险。如果"插蜡烛"，保持直立的姿势跳下去，危险性要小些，但肯定会被人取笑。头先落水呢，一点把握也没有……我犹豫了几秒钟。在听到背后围观者的议论时，我一下子鼓起勇气：头先落水！

我眼睛一闭，跳了下去。但结果非常糟糕，因为太紧张，落水时身体蜷曲着，背部被水面又狠又闷地拍了一下，几乎失去知觉。挣扎着游上岸时，发现背脊上红红的一大片。不过，这极不潇洒的一跳，却使我懂得了怎样才能使身体保持平衡。

"这一跳不行，我重跳。"当小伙伴们拥上来时，我喘着气宣布了我的决定。不管他们怎样劝阻，我还是重新爬上了桥栏。我又跳了两次。尽管我看不见自己落水时的姿势，但从伙伴们的赞叹和围观者的目光来看，后两次跳水我是成功了。

我的父母和学校的老师从来不知道我曾到江河里游泳，更不知道我还敢从桥头往河里跳。他们也许不会相信，这样一个经常埋头在书中的文质彬彬的好学生，竟然会做出这种只有顽童才会去干的冒险行动。然而我确确实实这样干了，干得比顽童还要大胆。

为逞一时之强而去冒这样的险，似乎有点蠢，有点不值得，但我因此而树立了这样的信念：凡是我想要做的，我一定能够做到。随着年龄的增长，这信条越来越明确。尽管以后我也不断地有过失败和挫折，但我从没有轻易放弃过自己所追寻的理想和目标。

 **牵手阅读**

　　《童年笨事》是我国著名作家、散文家、诗人赵丽宏创作的散文。作者以回忆的语调温馨讲述了童年时期的三件"笨事"，情境生动，情感细腻，兼具趣味性与哲理意义。三件"笨事"，虽是三件稀松平常之事，但投射到人生的大背景中来揣摩与观看，便也能引起我们深远的思考和感悟。这同时也启迪我们，要以更加敏锐善思的眼光打量生活，从中汲取自我成长的养分。那么同学们，你们在生活中曾做过哪些"笨事"呢？你又在改正错误的过程中收获到了什么呢？

捅马蜂窝

冯骥才

　　爷爷的后院虽小，它除去堆放杂物，很少人去。里
边的花木从不修剪，快长疯了；枝叶纠缠，阴影深浓，却
是鸟儿、蝶儿、虫儿们生存和嬉戏的一片乐土，也是我儿
时的乐园。我喜欢从那爬满青苔的湿漉漉的大树干上，取
下又轻又薄的蝉衣，从土里挖出筷子粗肥大的蚯蚓，把团
团飞舞的小蠓虫驱赶到蜘蛛网上去。那沉甸甸压弯枝条的
海棠果，个个都比市场买来的大。这里，最壮观的要数爷
爷窗檐下的马蜂窝了，好像倒垂的一只大莲蓬，无数金黄
色的马蜂爬进爬出，飞来飞去，不知忙些什么，大概总有
百十只之多，以致爷爷不敢开窗子，怕它们中间哪个冒失
鬼一头闯进屋来。

"真该死，屋子连透透气儿也不能，哪天请人来把这马蜂窝捅下来！"奶奶总为这个马蜂窝生气。

"不行，要蜇死人的！"爷爷说。

"怎么不行？头上蒙块布，拿竹竿一捅就下来。"奶奶反驳道。

"捅不得，捅不得。"爷爷连连摇手。

我站在一旁，心里却涌出一种捅马蜂窝的强烈渴望。那多有趣！当我给这个淘气的欲望鼓动得难以抑制时，就找来妹妹，趁着爷爷午睡的当儿，悄悄溜到从走廊通往后院的小门口。我脱下褂子蒙住头顶，用扣上衣扣儿的前襟遮盖下半张脸，只露一双眼。又把两根竹竿接绑起来，作为捣毁马蜂窝的武器。我和妹妹约定好，她躲在门里，把住关口，待我捅下马蜂窝，赶紧开门放我进来，然后把门关住。

妹妹躲在门缝后边，眼瞧我这非凡而冒险的行动。我开始有些迟疑，最后还是好奇战胜了胆怯。当我的竿头触到蜂窝的一刹那，好像听到爷爷在屋内呼叫，但我已经顾不得别的，一些受惊的马蜂轰地飞起来，我赶紧用竿头顶住蜂窝使劲摇撼两下，只听"嗵"，一个沉甸甸的东西掉下来，跟着一团黄色的飞虫腾空而起，我扔掉竿子往小门

那边跑，谁料到妹妹害怕，把门在里边插上，她跑了，将我关在门外。我一回头，只见一只马蜂径直而凶猛地朝我扑来，好像一架燃料耗尽、决心相撞的战斗机。这复仇者不顾一切而拼死的气势使我惊呆了。我抬手想挡住脸，只觉眉心像被针扎似的剧烈地一疼，挨蜇了！我捂着脸大叫。不知道谁开门把我拖进屋。

当夜，我发了高烧。眉心处肿起一个枣大的疙瘩，自己都能用眼瞧见。家里人轮番用了醋、酒、黄酱、万金油和凉手巾把儿，也没能使我那肿包迅速消下去。转天请来医生，打针吃药，七八天后才渐渐复愈。这一下好不轻呢！我生病也没有过这么长时间，以致消肿后的几天里不敢到那通向后院的小走廊上去，生怕那些马蜂还守在小门口等着我。

过了些天，惊恐稍定，我去爷爷的屋子，他不在，隔窗看见他站在当院里，摆手召唤我去，我大着胆子去了。爷爷手指窗根处叫我看，原来是我捅掉的那个蜂窝，却一只马蜂也不见了，好像一只丢弃的干枯的大莲蓬头。爷爷又指了指我的脚下，一只马蜂！我惊吓得差点叫起来，慌忙跳开。

"怕什么，它早死了！"爷爷说。

仔细瞧，噢，原来是死的。仰面朝天躺在地上，几只黑蚂蚁在它身上爬来爬去。

爷爷说："这就是蜇你的那只马蜂。马蜂就是这样，你不惹它，它不蜇你。它要是蜇了你，自己也就死了。"

"那它干吗还要蜇我呢，它不就完了吗？"

"你毁了它的家，它当然不肯饶你。它要拼命的！"爷爷说。

我听了心里暗暗吃惊。一只小虫竟有这样的激情和勇气。低头再瞧瞧这只马蜂，微风吹着它，轻轻颤动，好似活了一般。我不禁想起那天它朝我猛扑过来时那副视死如归的架势；与毁坏它们生活的人拼出一死，真像一个英雄……我面对这壮烈牺牲的小飞虫的尸体，似乎有种罪孽感沉重地压在我心上。

那一窝马蜂呢，无家可归的一群呢，它们还会不会回来重建家园？我甚至想用胶水把这只空空的蜂窝粘上去。

这一年，我经常站在爷爷的后院里，始终没有等来一只马蜂。

转年开春，有两只马蜂飞到爷爷的窗檐下，落到被晒暖了的木窗框上，然后还在去年的旧窝的残迹上爬了一阵子，跟着飞去而不再来。空空又是一年。

第三年，风和日丽之时，爷爷忽然叫我抬头看，隔着窗玻璃看见窗檐下几只赤黄色的马蜂忙来忙去。在这中间，我忽然看到，一个小巧的、银灰色的、第一间蜂窝已经筑成了。

于是，我和爷爷面对面开颜而笑，笑得十分舒心。我不由得暗暗告诉自己：再不做一件伤害旁人的事。

 牵手阅读

　　本文作者冯骥才是当代著名文学家、艺术家、民间文艺家，他以写知识分子生活和天津近代历史故事见长，文章视角新颖，艺术手法多样，用细致深入的描写，发掘生活的底蕴，咀嚼人生的况味。本文写的是捅马蜂窝的故事，那只拼命保卫自己家园的马蜂为什么让"我"的心灵受到了震撼？你明白了人应该与一切有生命的事物和睦相处的道理了吗？

> 童年就像是五彩缤纷的彩虹，编织着童趣与快乐。这是一篇关于童年记忆的散文，源于那首美妙的描写家乡的歌曲《我美丽的巴拿马》。你的童年记忆是什么样的？是否也有条像白水那样柔软那样温柔的河？是否也有充满欢声笑语的夏夜？

我美丽的巴拿马

唐池子

你不知道我的童年有多好。一个小孩如果出生在那样美的地方，如果还不知道感恩，还不知道梦想，那他就一定不是一个小孩。

我不知道你的童年有没有一条河，一条像白水那样柔软那样温柔的河。我第一次挎着小竹篮来到白水边，堤是那么高那么陡，水是那么多那么长，草是那么密那么绿，这一切真是神奇得美丽，宽广得可怕。我一慌，竹篮像只球"哐哐哐"滚下河堤去了。我一急，也像只球"哐哐哐"滚下河堤去了。竹篮成了缀满野菊的草帽,一头牛朝我"哞哞"摇尾巴,不知从哪里来了好大一朵花蘑菇。我睁开眼睛,面对扑面而来的粼粼波光,白水是那样迅捷地流进了我的生命,让我一开头就要做一个水孩子。从此,我最大的理想就是做一只白水上巨大的白色水鸟。

真的,我不止一次在我的梦里见到了那只美丽的大白鸟,我和我的鸟阵在粼粼波光里不知疲倦地翻飞,用长长的喙去逗弄那些鳞片闪闪、成群游弋的肥美鱼群,在平如明镜处留下优美的侧影。我在软软的草地上奔跑,和那些爱玩小石子的孩子一起优美地舞蹈。我还偶尔停驻在那头最矫健膘壮的黑牛背上,用红红的脚爪感觉牛背上的战栗,用我们的语言欢唱。在傍晚的夕阳里,我成了一个顽皮的黑脊背光皮肤的孩子。我迅速地向下俯冲,温柔的水在我的尾翎处无声闭合,我独自漂游在水晶宫里,红绿的水草在招摇,斑斓的河贝在歌唱,五彩的鱼虾在穿行。然后我掠水而出,扇动翅膀,水珠像玉帘一样滑落。而到深夜,我要做一只白水上静静停泊的白鸟船,像枚树叶轻轻覆盖在缓缓流动的水面上,随意沉浮。我聆听白水轻轻的呼吸、鱼群的梦呓,还有船家那孤独的柳笛。清晨的时候,当河面还是个蒸腾着水雾的琼楼玉宇,我会在清凉的空气里用光洁的羽毛去撩拨大地薄如蝉翼、凉如轻丝的面纱。我成了一只朦胧而诗意的水鸟。

　　我也不知道你的童年里有没有那样的一条小路。我在那么小的时候就向往着上学，因为我拥有了一条快乐的花间小径。小径穿行在绿湖和青山之间，蜿蜒曲折，是一道自由开合的画卷。春天，小径上充满了刺花粉白粉白的笑靥，蜜蜂嗡嗡闹着，满世界是甜蜜醉人的清香。掰一段刺根含在嘴里，刺根脆脆的，空气甜甜的，白网球鞋踏在白色的小路上，走着走着，你会想奔跑，想变成一只翩翩飞舞的蝴蝶，让你永远都愿意徜徉在大自然的氛围里。夏天，绿湖里珠圆的荷叶亭亭玉立，荷花袅袅娜娜，像星星在水波里闪耀。而在秋天，你简直可以成为一个富翁，先别管遍地金黄的野菊花，你去揭开阔大的青色叶子，马上可以找到一串饱满欲滴的野草莓，用舌尖一卷，酸酸甜甜，绝对是纯粹的野味。而那些鼓鼓的莲蓬就是不尝，它们在风里招摇的风姿就足以把你看得痴了过去。如果放学的路上邀几个伙伴，攀上金叶飘飘的大青山，你可以摘到红灯笼一样挂在枝头的野柿子，而在某个拐角处，你会突然发现一树金灿灿的水晶梨，那是种与你掏钱在水果摊上买到的完全不同的感觉。冬天也不会沉寂，花草终于让位给性急的小麻雀，它们在覆雪的枝头叽叽喳喳，像一群不怕寂寞的孩子，好奇地在晶莹的雪枝头跳跃。

我也不知道你的童年有没有那样的夜晚。有很大很大的场子，家家户户搬出清凉的竹床，身上撒点痱子粉，凉爽爽，香喷喷，坐着，躺着，谈着，闹着。大人们聊着聊着，会一时兴起，炳伯伯就“哎——嗬——哟”唱起了山歌：“妹妹你在月亮里哟，是我心中的杜鹃花嗨，杜鹃开在三月哟，妹妹你何时落下来？”大家就起哄：“再来，再来！”炳伯伯就抿口白干：“找个伴来段《刘海砍樵》吧。”大家就一推笑起来像李谷一的细姑，细姑喜欢穿白衣白裙，大大方方地站起来时就像夜色里一下绽放了一朵白莲。哇哇，我们这群小鬼就在一旁穷开心。炳伯伯踩着十字步，唱着问：“胡大姐，我的妻，你把我比做什么人——咯嚯——”细姑就摆个很温柔的姿势，羞羞地笑着答：“刘海哥，我把你比牛郎，不差毫分咯。”最傻的是我们这群小孩不懂什么叫砍樵，以为是砍桥，悄悄问妈妈，炳伯伯到底什么时候砍桥啊，妈妈就扑哧笑出声来，说那是砍柴的意思。有时二爷爷有雅兴，会拿出他的传家宝二胡来伴奏。爸爸在家的时候会吹笛子，最拿手的是《春江花月夜》和《满江红》。我们小孩也不能示弱啊，我们就男孩站一排，女孩站一排，边唱边跳"六月里花儿香，六月里好阳光，六一儿童节，心儿多欢畅"。我那时是光脑袋穿连衣裙的女孩子，并且以为女孩不一定都要有长发，光脑袋很舒服。有一次，和弟弟到爸爸朋友家做客，他一看到我们两个亮亮的"电灯泡"，就乐了。我还很骄傲，对着他唱："光弟油，摸桐油，摸一摸，好运有。"笑弯了叔叔的腰。由于我的光脑袋，我在舞蹈中备受关注，跳到忘乎所以处，听到根伯伯喊："三三，你屁股后面是什么？"我吓出一身冷汗，以为有条蛇在背后。扭头一看，心一下就落了下来，是只袋子。妈妈急急跑过来，捡起袋子，长长吁了口气，责问我："带只袋子来干什么？""装流星。"大家像吃了笑药一样哈哈哈。妈妈戳了一下我的脑袋："我的宝崽。"笑什么笑，晚上大家都睡着了，流星掉下来怎么办，我要坚持到最后一分钟，把所有的流星都接住装进袋子里。

我没有想到有一天我会离开家乡。我越长越大，拍着翅膀越飞越远。有一天，我飞累了，藏到一个咖啡吧里歇歇翅膀。当我正埋头啜饮一杯浓浓的摩卡时，我突然听到了一阵很特别的音乐，很舒缓，很柔软，甚至绕过了你心灵最深处的那些角落，像一只小鸟暖暖地栖息在心头，不忍拂去。我手里的摩卡不知什么时候变成了一杯养了我二十年的白水泡制的家乡绿茶，清香缭绕，沁人心脾。美丽的家乡像幅风景长卷一样在我眼前展开，我的眼里顿时蓄满了眼泪。我低头听到侍者介绍，刚才的曲子叫《我美丽的巴拿马》，是一位著名的作曲家为他的家乡而创作的。我走出咖啡吧，一个人走在深秋的暮色里，感到一种无以言说的幸福，我听到那条叫白水的河在我生命中静静地流淌。我走着，像儿时走在那条快乐的花间小路上……

 **牵手阅读**

　　这篇文章所描述的童年时光，让人身临其境。作者运用了比喻、拟人的修辞手法，让文章更加生动形象，仿佛我们也和读者一起回到了童年时光。同时作者使用了很多叠词，如大大方方、袅袅娜

娜等，增强了语言的韵律感，富有音乐美，也加强了画面感。我们都会长大，会为了追寻梦想离开家乡，去新的地方，从此故乡变他乡，童年成了我们的美好回忆。

导读

丰子恺先生是我国著名的散文家、漫画家，他的散文风格恬淡率真，意味隽永，富有童真、天然之趣。让我们来看看他回忆儿时时，最难忘的三件事吧。

忆儿时

丰子恺

一

我回忆儿时，有三件不能忘却的事。

第一件是养蚕。那是我五六岁时、我祖母在世的事。我祖母是一个豪爽而善于享乐的人，不但良辰佳节不肯轻轻放过，就是养蚕也每年大规模地举行。其实，我长大后才晓得，祖母的养蚕并非专为图利，叶贵的年头常要蚀本，然而她喜欢这暮春的点缀，故每年大规模地举行。我所喜欢的，最初是蚕落地铺。那时我们的三开间的厅上、地上统是蚕，架着经纬的跳板，以便通行及饲叶。蒋五伯挑了担到地里去采叶，我与诸姐跟了去，去吃桑葚。蚕落地铺的时候，桑葚已很紫很甜了，比杨梅好吃得多。我们吃饱之后，又用一张大叶做一只碗，采了一碗桑葚，跟了蒋五伯回来。蒋五伯饲蚕，我就可以走跳板为戏乐，常常失足翻落地铺里，压死许多蚕宝宝，祖母忙喊蒋五伯抱我起来，不许我再走。然而这满屋的跳板，像棋盘街一样，又很低，走起来一点也不怕，真是有趣。这真是一年一度的难得的乐事！所以虽然祖母禁止，我总是每天要去走。

蚕上山之后，全家静静守护，那时不许小孩子们噪了，我暂时感到沉闷。然而过了几天，采茧，做丝，热闹的空气又浓起来了。我们每年照例请牛桥头七娘娘来做丝。蒋五伯每天买枇杷和软糕来给采茧、做丝、烧火的人吃。大家认为现在是辛苦而有希望的时候，应该享受这点心，都不客气地取食。我也无功受禄地天天吃多量的枇杷与软糕，这又是乐事。

　　七娘娘做丝休息的时候，捧了水烟筒，伸出她左手上的短少半段的小指给我看，对我说：做丝的时候，丝车后面，是万万不可走近去的。她的小指，便是小时候不留心被丝车轴棒轧脱的。她又说："小团团不可走近丝车后面去，只管坐在我身旁，吃枇杷，吃软糕。还有做丝做出来的蚕蛹，叫妈妈油炒一炒，真好吃哩！"然而我始终不要吃蚕蛹，大概是我爸爸和诸姐都不要吃的缘故。我所乐的，只是那时候家里的非常的空气。日常固定不动的堂窗、长台、八仙椅子，都收拾去，而变成不常见的丝车、匾、缸。又不断地公然地可以吃小食。

　　丝做好后，蒋五伯口中唱着"要吃枇杷，来年蚕罢"，收拾丝车，恢复一切陈设。我感到一种兴尽的寂寥。然而对于这种变换，倒也觉得新奇而有趣。

　　现在我回忆这儿时的事，常常使我神往！祖母、蒋五伯、七娘娘和诸姐都像童话里、戏剧里的人物了。且在我看来，他们当时这剧的主人公便是我。何等甜美的回忆！只是这剧的题材，现在我仔细想想觉得不好：养蚕做丝，在生计上原是幸福的，然其本身是数万的生灵的杀虐！《西青散记》里面有两句仙人的诗句："自织藕丝衫子嫩，可怜辛苦赦春蚕。"安得人间也发明织藕丝的丝车，而尽赦天下的春蚕的性命！我七岁上祖母死了，我家不复养蚕。不久父亲与诸姐弟相继死亡，家道衰落了，我的幸福的儿时也过去了。因此这回忆一面使我永远神往，一面又使我永远忏悔。

二

第二件不能忘却的事，是父亲的中秋赏月，而赏月之乐的中心，在于吃蟹。

我的父亲中了举人之后，科举就废，他无事在家，每天吃酒，看书。他不要吃羊、牛、猪肉，而喜欢吃鱼、虾之类。而对于蟹，尤其喜欢。自七八月起直到冬天，父亲平日的晚酌规定吃一只蟹，一碗隔壁豆腐店里买来的开锅热豆腐干。他的晚酌，时间总在黄昏。八仙桌上一盏洋油灯，一把紫砂酒壶，一只盛热豆腐干的碎瓷盖碗，一把水烟筒，一本书，桌子角上一只端坐的老猫，我脑中这印象非常深刻，到现在还可以清楚地浮现出来，我在旁边看，有时他给我一只蟹脚或半块豆腐干。然我喜欢蟹脚。蟹的味道真好，我们五个姊妹兄弟，都喜欢吃，也是为了父亲喜欢吃的缘故。只有母亲与我们相反，喜欢吃肉，而不喜欢又不会吃蟹，吃的时候常常被蟹螯上的刺刺开手指，出血；而且抉剔得很不干净，父亲常常说她是外行。父亲说：吃蟹是风雅的事，吃法也要内行才懂得。先折蟹脚，后开蟹斗……脚上的拳头（即关节）里的肉怎样可以吃干净，脐里的肉怎样可以剔出……脚爪可以当作剔肉的针……蟹螯上的骨头可以拼成一只很好看的蝴蝶……父亲吃蟹真是内行，吃得非常干净。所以陈妈妈说："老爷吃下来的蟹壳，真是蟹壳。"

蟹的储藏所，就在天井角落里的缸里，经常总养着十来只。到了七夕、七月半、中秋、重阳等节候上，缸里的蟹就满了，那时我们都有得吃，而且每人得吃一大只，或一只半。尤其是中秋一天，兴致更浓。在深黄昏，移桌子到隔壁的白场上的月光下面去吃。更深人静，明月底下只有我们一家的人，恰好围成一桌，此外只有一个供差使的红英坐在旁边。大家谈笑，看月亮，他们——父亲和诸姐——直到月落时光，我则半途睡去，与父亲和诸姐不分而散。

这原是为了父亲嗜蟹，以吃蟹为中心而举行的。故这种夜宴，不仅限于中秋，有蟹的季节里的月夜，无端也要举行数次。不过不是良辰佳节，我们少吃一点，有时两人分吃一只。我们都学父亲，剥得很精细，剥出来的肉不是立刻吃的，都积受在蟹斗里，剥完之后，放一点姜醋，拌一拌，就作为下饭的菜，此外没有别的菜了。因为父亲吃菜是很省的，而且他说蟹是至味，吃蟹时混吃别的菜肴，是乏味的。我们也学他，半蟹斗的蟹肉，过两碗饭还有余，就可得父亲的称赞，又可以白口吃下余多的蟹肉，所以大家都勉励节省。现在回想那时候，半条蟹腿肉要过两大口饭，这滋味真好！自父亲死了以后，我不曾再尝这种好滋味。现在，我已经自己做父亲，况且已经茹素，当然永远不会再尝这滋味了。唉！儿时欢乐，何等使我神往！

然而这一剧的题材，仍是生灵的杀虐！因此这回忆一面使我永远神往，一面又使我永远忏悔。

三

第三件不能忘却的事，是与隔壁豆腐店里的王囡囡的交游，而这交游的中心，在于钓鱼。

那是我十二三岁时的事，隔壁豆腐店里的王囡囡是当时我的小伴侣中的大阿哥。他是独子，他的母亲、祖母和大伯，都很疼爱他，给他很多的钱和玩具，而且每天放任他在外游玩。他家与我家贴邻而居。我家的人们每天赴市，必须经过他家的豆腐店的门口，两家的人们朝夕相见，互相来往。小孩们也朝夕相见，互相来往。此外他家对于我家似乎还有一种邻人以上的深切的交谊，故他家的人对于我特别要好，他的祖母常常拿自产的豆腐干、豆腐衣等来送给我父亲下酒。同时在小侣伴中，王囡囡也特别和我要好。他的年纪比我大，气力比我好，生活比我丰富，我们一道游玩的时候，他时时引导我，照顾我，犹似长兄对于幼弟。我们有时就在我家的染坊店里的榻上玩耍，有时相偕出游。他的祖母每次看见我俩一同玩耍，必叮嘱囡囡好好看待我，勿要相骂。我听人说，他家似乎曾经患难，而我父亲曾经帮他们忙，所以他家大人们吩咐王囡囡照应我。

我起初不会钓鱼，是王囡囡教我的。他叫他大伯买两副钓竿，一副送我，一副他自己用。他到米桶里去捉许多米虫，浸在盛水的罐头里，领了我到木场桥头去钓鱼。他教给我看，先捉起一个米虫来，把钓钩由虫尾穿进，直穿到头部。然后放下水去。他又说："浮珠一动，你要立刻拉，那么钩子钩住鱼的颚，鱼就逃不脱。"我照他所教的试验，果然第一天钓了十几头白条，然而都是他帮我拉钓竿的。

第二天，他手里拿了半罐头扑杀的花蝇，又来约我去钓鱼。途中他对我说："不一定是米虫，用苍蝇钓鱼更好。鱼喜欢吃苍蝇！"这一天我们钓了一小桶各种的鱼。回家的时候，他把鱼桶送到我家里，说他不要。我母亲就叫红英去煎一煎，给我下晚饭。

自此以后，我只管欢喜钓鱼。不一定要王囡囡陪去，自己一人也去钓，又学得了掘蚯蚓来钓鱼的方法。而且钓来的鱼，不仅够自己下晚饭，还可送给店里的人吃，或给猫吃。我记得这时候我的热心钓鱼，不仅出于游戏欲，又有几分功利的兴味在内。有三四个夏季，我热心于钓鱼，给母亲省了不少的菜蔬钱。

后来我长大了，赴他乡入学，不复有钓鱼的工夫。但在书中常常读到赞咏钓鱼的文句，例如什么"独钓寒江雪"，什么"渔樵度此身"，才知道钓鱼原来是很高雅的事。后来又晓得有所谓"游钓之地"的美名称，是形容人的故乡的。我大受其煽惑，为之大发牢骚，我想"钓鱼确是雅的，我的故乡，确是我的游钓之地，确是可怀的故乡"。

但是现在想想，不幸而这题材也是生灵的杀虐！王囡囡所照应我的，是教我杀米虫、杀苍蝇，以诱杀许多的鱼。所谓"羊裘钓叟"，其实是一个穿羊裘的鱼的诱杀者；所谓"游钓之地"，就是小时候谋杀鱼的地方，想起了应使人寒栗，还有什么高雅，什么可恋呢？

"杀"，不拘杀什么，总是不详的。我相信，人的吃荤腥，都是掩耳盗铃。如果亲眼看见猪的受屠，一定咽不下一筷肉丝。

杀人的五卅事件足以动人的公愤，而杀蚕，杀蟹，杀鱼反可有助人的欢娱，同为生灵的人与蚕蟹鱼的生命的价值相去何远呢？

我的黄金时代很短，可怀念的又只有这三件事。不幸都是杀生取乐，都使我永远忏悔。

 牵手阅读

丰子恺以中西融合画法创作漫画以及散文写作而闻名。他的这篇《忆儿时》，写了三件不能忘却的事：一是养蚕，二是吃蟹，三是钓鱼。文章中透射出他关于生命平等的看法。读完文章，你对丰子恺所写的哪些事有所感触？

迟子建，被认为是中国当代具备世俗关怀精神和悲悯情怀的作家之一，《会唱歌的火炉》讲述了作者在大兴安岭北极村一带成长的经历。

会唱歌的火炉

迟子建

我的少年时代是在大兴安岭度过的。那里一进入九月，大地的绿色植物就枯萎了，雪花会袅袅飘向山林河流，漫长的冬天缓缓地拉开了帷幕。

冬天一到，火炉就被点燃了，它就像冬夜的守护神一样，每天都要眨着眼睛释放温暖，一直到次年的五月，春天姗姗来临时，火炉才能熄灭。

火炉是要吞吃柴火的，所以，一到寒假，我们就得跟着大人上山拉柴火。

拉柴火的工具主要有两种：手推车和爬犁。手推车是橡皮轮子的，体积大，既能走土路，装载又多，所以大多的人家都使用它。爬犁呢,它是靠滑雪板行进的,所以只有在雪路上它才能畅快地走,一遇土路,它的腿脚就不灵便了,而且它装载少,走得慢,所以用它的人很零星。

我家的手推车买的是二手货,有些破旧,看上去就像一个辛劳过度的人,满面疲惫的样子。它的车胎常常慢撒气,所以我们拉柴火时,就得带着一个气管子,给它打气。否则你装了满满一车柴火要回家时,它却像一个饿瘪了肚子的人蹲在地上,无精打采的,你又怎么能指望它帮你把柴火运出山呢!

我们家拉柴火,都是由父亲带领着的。姐姐是个干活实在的孩子,所以父亲每次都要带着她。弟弟呢,那时虽然他也就是八九岁的光景,但父亲为了让他养成爱劳动的习惯,时不时也把他带着。他穿得厚厚的跟着,看上去就像一头小熊。我们通常是吃过早饭就出发,我们姊弟三人推着空车上山,父亲抽着烟跟在我们身后。冬日的阳光映照到雪地上,格外刺眼,我常常被晃得睁不开眼睛。父亲生性乐观,很风趣,他常在雪路上唱歌、打口哨。他的歌声有时会把树上的鸟给惊飞了。我们拉的柴火,基本上是那些风倒的树木,它们已经半干了,没有利用价值,最适宜作烧柴。那些生长着的鲜树,比如落叶松、白桦、樟子松是绝对不能砍伐的，可伐的树，我记得有枝丫纵横的柞树和青色的水冬瓜树。父亲是个爱树的人，他从来不伐鲜树，所以拉烧柴，我们家是镇上最本分的人家。为了这，我们就比别人家拉烧柴要费劲些，回来得也会晚。因为风倒木是有限的，它们被积雪覆盖着，很难被发现。我最乐意做的，就是在深山里寻找风倒木。往往是寻着寻着，听见啄木鸟"笃笃"地在吃树缝中的虫子，我就会停下来看啄木鸟；而要是看见了一只白兔奔跑而过，我又会停下来看它留下的足迹。由于玩的心思占了上风，所以我找到风倒木的机会并不多。往往在我游山逛景的时候，父亲的喊声会传来，他吆喝我过去，说是找到了柴火，我就循着锯声走过去。父亲用锯把倒木锯成几截，粗的由他扛出去，细的由我和姐姐扛出去。把倒木扛到放置手推车的路上，总要有一段距离。有的时候我扛累了，支持不住了，就一耸肩把倒木丢在地上，对父亲大声抗议："我扛不动！"那语气带着几分委屈。姐姐呢，即使那倒木把她压得抬不起

头来，走得直摇晃，她也咬牙坚持着把它运到路面上。所以成年以后，她常抱怨说，她之所以个子矮，完全是因为小的时候扛木头给压的。言下之意，我比她长得高，是由于偷懒的缘故。为此，有时我会觉得愧疚。

冬天的时候，零下三四十度的气温是司空见惯的。在山里待得时间久了，我和弟弟都觉得手脚发凉。父亲就会划拉一堆枝丫，为我们笼一堆火。洁白的雪地上，跳跃着一簇橘黄的火焰，那画面格外地美。我和弟弟就凑上去烤火。因为有了这团火，我和弟弟开始用棉花包裹着几个土豆藏到怀里，带到山里来，待父亲点起火后，我们就悄悄把土豆放到火中，当火熄灭后，土豆也熟了，我们就站在寒风中吃热腾腾、香喷喷的土豆。后来父亲发现了我们带土豆，他没有责备我们，反而鼓励我们多带几个，他也跟着一起吃。所以，一到了山里，烧柴还没扛出一根呢，我就嚷着冷，让父亲给我们点火。父亲常常嗔怪我，说我是只又懒又馋的猫。

天越冷，火炉吞吃的柴火就越多。我常想火炉的肚子可真大，老也填不饱它。渐渐地，我厌烦去山里了，因为每天即使没干多少活，可是往返走上十几里雪路，回来后腿脚也酸痛了。我盼着自己的脚生冻疮，那样就可以理直气壮地留在家里了。可我知道生冻疮的滋味很不好受，于是只好天天跟着父亲去山里。

现在想来，我十分感激父亲，他让我在少年时期能与大自然有那么亲密的接触，让冬日的那种苍茫和壮美注入了我幼小的心田，滋润着我。每当我从山里回来，听着柴火在火炉中"噼啪噼啪"地燃烧，都会有一股莫名的感动。我觉得柴火燃烧的声音就是歌声，火炉它会唱歌。火炉在漫长的冬季中就是一个有着金嗓子的歌手，它天天歌唱，不知疲倦。它的歌声使我懂得生活的艰辛和朴素，懂得劳动的快乐，懂得温暖的获得是有代价的。所以，我成年以后回忆少年时代的生活，火炉的影子就会悄然浮现。虽然现在我已经脱离了与火炉相伴的生活，但我不会忘记它，

不会忘记它的歌声。它那温柔而富有激情的歌声在我心中永远不会消逝。

 牵手阅读

迟子建的小说文笔优美，更难得的是感情细腻又真实动人，她著有长篇小说《额尔古纳河右岸》《群山之巅》，小说集《北极村童话》《白雪的墓园》，散文随笔集《伤怀之美》《我的世界下雪了》等作品。本文是如何体现生活的真实性的呢？你发现了哪些具有浓郁特色的生活细节？其实正是这些来自生活本身的情感体验传达的真实，赋予了作品打动人心的力量。

打开彼此的心灵之窗

导读

你知道有一种动物叫作负鼠吗？它们能够用尾巴缠在树上，倒挂着睡觉。可是，有一只叫伦道夫的负鼠一直没有学会倒挂在树上睡觉，伦道夫该怎么办呢？

能行，小负鼠

［美］艾伦·康福德

伦道夫是只小负鼠，为了他，爸爸妈妈伤透了脑筋。

"我真不明白，"妈妈说，"所有的负鼠都能用尾巴缠在树上，倒挂着睡觉，你怎么就不能？"

"我也不知道。"伦道夫哭丧着脸，说，"我试过不知多少次了。"

"再试试，"爸爸鼓励道，"没准儿多练几次就行了。"

"好——吧。"伦道夫叹了口气，然后磨磨蹭蹭地爬上了大树。他紧紧抱住一根树枝，深深地吸了口气。

"别往下看！"爸爸说。

"别紧张！"妈妈道。

“会成功的！”哥哥喊。

“不，我看他不行。”妹妹却说。

伦道夫用尾巴缠住树枝，又吸了一大口气，然后松开爪子往下一悠，倒挂在树上。

“好！”爸爸叫了起来。

“噢，我的孩子有出息了！”妈妈松了一口气。

“坚持下去！”哥哥给他鼓劲。

“呀，他不行了！”妹妹说。

果然，伦道夫尾巴一松，一个“倒栽葱”跌到地上。

“噢，我的天！”妈妈叫着，全家都跑过来。

“伤着了吗？”妈妈担心地问。

“跟过去差不多。”伦道夫噘着嘴说。

爸爸摇摇头：“我真不懂你是怎么的，我和你妈妈能用尾巴倒挂在树上，你哥哥能行，你妹妹也行。这是生来就会的事儿！”

为了让伦道夫看看，倒挂在树上是多么容易，妹妹飞快地爬上大树，倒挂在那儿，一边荡悠着，一边唱起歌来。“给你唱一支《玛丽有只小羊羔》怎么样？”妹妹问。

“用不着！”伦道夫生气了。

“你不再试试吗？”爸爸说，“刚才你不是差一点挂住了？"

"我真的不行！我就是挂不住嘛！"伦道夫回答。

"一次不行，就来第二次、第三次！"爸爸说。

"只要你坚持练下去，准行！"哥哥加了一句。

"就不！"伦道夫号啕大哭起来，"人家练一次，摔一次，回回都是脑瓜着地，我的脑袋疼极了！"

"要是摔不着脑袋，你还练吗？"妹妹问。

"那还可以。"

"咱们在树下面堆上一大堆树叶，"妹妹建议，"你要是掉下来，就落在松软的树叶上。"

"这主意不错，你们去帮他弄些树叶来。"爸爸说。

他们从四周捡了一大堆树叶，堆在了树下。

"那，我就再试试。"说着，伦道夫爬上大树，用尾巴缠住树枝，倒挂了下去。可尾巴一松，又一头栽进了树叶堆里。

"这树叶管用吗？"妈妈有些担心。

"还行！"伦道夫又爬上了大树。他一次次用尾巴挂在树上，又一次次栽进树叶堆里。哥哥、妹妹到一边玩去了，爸爸、妈妈也散步去了，只剩下伦道夫还在那儿练着：掉下来，挂上去；挂上去，又掉下来……

伦道夫灰心了："也许我跟他们不一样。他们能倒挂在树上睡觉，而我不行。这堆叶子还挺软和、挺舒服嘛，我就睡在这儿！"

一阵喧闹声把伦道夫吵醒了。原来哥哥和妹妹在树叶堆上翻起跟头来了。

"嘿！"妹妹尖叫道，"真好玩！"

"你倒觉得好玩，"伦道夫叹着气，"可我得在这儿睡觉啦！"他站起来，拍拍身上的尘土。有几片树叶粘在他的尾巴上。

"我帮你掸掸。"妹妹说。她掸了几下，但没掸掉。

"可能粘住了。"哥哥说。

"别冒傻气了，怎么能粘住？"说着，妹妹使劲一揪树叶。

"哎哟，疼！"伦道夫大叫起来。

"瞧！"妹妹指着树腰上一根小树枝。枝头上正慢慢地往下滴着什么东西。

"是树胶？"哥哥说，"你的尾巴滴上树胶了。"

"我怎么就没想到？"伦道夫不再揪尾巴上的树叶，一边嚷着，一边把尾巴伸到那根树枝下面，"既然树胶把树叶粘在我的尾巴上，说不定也能把我的尾巴粘在树枝上！"他叫喊着，一蹦一跳地蹿上大树，用尾巴缠住一根树枝，然后，紧紧地抱着它，直到他确信树胶的确粘住了，才松开爪子挂了下去。这次，他成功了！

"快来看呀！"伦道夫大叫起来，"你们大家快来呀！"

哥哥鼓起掌来。爸爸妈妈听到喊声也都跑了过来。

"祝贺你，孩子！"爸爸说，"我说过，多练练就行嘛！"

"再练也没树胶管用。"伦道夫说。

"树胶？！"爸爸愣住了。

"天哪！"妈妈叹道。

"他还挺聪明。"哥哥说。

"可这是欺骗！"妹妹说，"再说，你怎么下来呢？"

"这，我可没想过。"伦道夫承认。

"别着急，"妈妈和蔼地说，"等你想下来的时候，我们帮你把尾巴解开。"

"可现在，我还想再挂会儿。"伦道夫说，"脑袋朝下，看什么都变了。蓝天好像在地上，草地又跑到了天上。真舒服，我甚至能在这儿打个盹儿！"说着，他闭上眼睛，真的睡着了。

打那以后，每次睡觉前，伦道夫就把尾巴伸到那根树枝下面待一会儿；睡醒了，妈妈便会帮他把尾巴松开。

可有一天，伦道夫突然发现，树胶干了。

"现在我可怎么办呢？"他哭了。

"孩子，"爸爸劝道，"你应该不抹树胶再练练。"

"我真的不行，"伦道夫说，"每次我都头朝下栽下来。"

"冬天快到了。在冬天，所有的树胶都干了。你必须学会像我们那样挂在树上睡觉。"爸爸说。

"说不定我们在别处还能找到树胶。"哥哥说，"我帮你找。"

可他找了半天，一无所获，只好懊丧地回家了。

"看来，我只好再弄堆树叶了，"伦道夫叹了口气，"我总得有个睡觉的地方呀！"

就在这时，妹妹一蹦一跳地跑过来："瞧！我找到了什么！"她嚷着，给伦道夫看两片湿漉漉的树叶。

"我找了点树胶，抹在这上面了。"说到这儿，她眨了眨眼睛，"我给你抹在尾巴上，好吗？"

"你真好！"伦道夫伸出了尾巴。然后，他爬上大树。"但愿你抹足了量。"他还是有点担心。

"没问题。"妹妹叫他放心。

听到他们说话，爸爸妈妈也都走了过来。

"妹妹给我弄了点树胶。"伦道夫说。

"你妹妹多好！"妈妈说。

"那有什么。"妹妹有点不好意思了。

"瞧啊！"这时，已经倒挂在树上的伦道夫大叫起来，"这胶真管用，谢谢你，好妹妹！"

突然，妹妹尖叫起来："伦道夫，你挂住了！快瞧啊，他自己挂住了！"

"他当然能挂住。"哥哥说，"他尾巴上有树胶嘛！"

"不，不是的！"妹妹叫着，上下跳着，"那不是胶，是水！树叶上涂的是水！我骗他呢！"

"水？！"伦道夫叫道。但马上便情不自禁地大笑起来，"我挂住了！我能挂在树上睡觉了！"

"噢，我的孩子，我真为你骄傲！"妈妈说。

"我懂了。干什么事都要有信心，你所需要的正是这个！"爸爸说。

"还需要一个狡猾的妹妹！"哥哥说。

"一个聪明的妹妹！"妹妹纠正道。

（晓汀 译）

牵手阅读

妹妹用水代替树胶帮助伦道夫找回自信心，使他从此不再依靠树胶就能够倒挂在树上睡觉。其实，伦道夫缺少的并不是倒挂的技巧和勇气，而是相信自己能够做到的自信。自信是人生中不可或缺的一部分，它给予你前进的动力，给予你向上的力量。这个故事带给你哪些启示？

导读

草被踏坏了还会长出来，但孩子一旦被大人轻视或者伤害了，他们心里就会留下永远的创痛。儿子的"冤案"到底是怎么回事？让我们一起来看看吧。

儿子的"冤案"

韦君宜

我冤枉了我的傻儿子。

这天下午，我发现我的抽屉里少了十块钱。我怀疑是傻儿子拿的。根据：第一，他过去偷拿过我的钱，有"偷窃史"；第二，他在这天下午看见过我开抽屉拿钱，知道放钥匙的地方；第三，这十块钱放在最上层，很显眼，偷起来方便。

有这三条"根据"，我就召集我家阿姨和我的小外孙一起来进行侦破。阿姨提供了部分"案情"：当我把桌上的十块钱放进去时，因为嫌麻烦，懒得开抽屉，是从抽屉缝塞进去的。阿姨怕钱掉出来，曾用一支钢笔往里捅了几下。她能证明十元钱确在抽屉内。小外孙在吃晚饭时曾叫大舅吃饭，可他就是不吃，说腰疼。而我们大家在餐室吃饭时，他却一个人在我的寝室里和他自己屋中间转来转去……这样大家一碰情况，越研究越像是这么回事，于是决定"开庭"审案。

小外孙一开口就说："你偷了姥姥的钱！"傻儿子立刻顶回去："没有的事！"然后我们进行"说服教育"。阿姨说："你把钱花掉了，也不要你赔出来，只要你承认。"小外孙说："坦白从宽，你说了没事。你不说，反正这事是你干的。"我说："我是病人，没劲儿跟你吵，像话吗?！"阿姨说："你把妈妈气死了，怎么办！"

但是不管我们怎么说，讲出多少根据，他也无话可辩驳，只是很简单的一句话："我没拿！"

说破嘴皮，毫无结果。说是证据确凿，但毕竟没当场抓住，他死不认账谁也没辙。看起来这案子只好挂起来，等将来再慢慢审他吧。

晚上，我坐在桌子跟前，又把抽屉重新翻了一遍，里边确实没有那十块钱。忽然想起只摸了抽屉，还没有摸本来藏不住东西的桌子上板，于是也摸。咦！万万想不到，在抽屉与桌板间还安有一条窄窄的木板，十块钱正夹在那里！

底下，当然是我召集阿姨和小外孙，宣布平反"冤案"，我们向傻儿子公开道歉。他倒挺大方，只说了一句："冤枉就是冤枉嘛，你们怎么想出那么多根据来冤枉我？"

唉，可不是，我们合情合理的一大套论辩，其实敌不过他没有道理的一句真话："我没拿。"

牵手阅读

有时父母的一句话可能会对孩子的心灵造成伤害，就像钉在木板上的钉子，拔掉钉子以后，疤痕还是留下了。而文章的第一句话，就是作者诚恳的反思——"我冤枉了我的傻儿子"。在发现自己是真的冤枉了儿子后，及时向儿子道歉，这正是大多数父母所欠缺的。你有过被父母冤枉的经历吗？

导读

　　本文讲了一位高大温柔且富有童趣的爸爸的故事，一起来读读吧。

我的爸爸

张　洁

　　我的爸爸长得高高大大。他喜欢看羽毛球赛，有时也打羽毛球。他在球场上跑得很快很快，兔子、田鼠一定都比不上他！他好像一根弹簧，忽地蹿到半空，啪一下，大力扣杀。接着，他又扑到地面，唰一下，让即将落地的球飞起来。他读大学时参加校队，获得过全市大学生羽毛球比赛男单亚军。

　　但是，我的爸爸不是运动员，他是一名建筑师。

　　他会设计高大的建筑，有高高的银行大厦，有长长的大桥，有非常现代的艺术中心，有带广场的大型购物中心……他也会做各种各样迷你的纸房子，有红的、蓝的、黄的、紫的、草绿的、金银相间的，用它们祝妈妈生日快乐。他会和我一起做木头小汽车、远洋轮船，以及其他各种各样我想到的东西。

他把木头小汽车和远洋轮船都漆成橘黄色，因为这是我最喜欢的颜色，他从来都知道。

有一回，爸爸偷偷把我的遥控飞机拿去玩。

飞机起飞了，它稳稳地升空，在空中向前，转向。它飞得很流畅，很飘逸。但是，后来它不知道飞到哪里去了，再也没有飞回来。

爸爸像一个做错事的小孩一样，走到我面前，跟我说："对不起。"

那是一架我第一次自己亲手做的飞机。在学校，我们举行飞行比赛，它是飞得最好的，所以老师在机身上贴了一颗红星。

虽然我无比希望它飞回来，但我还是告诉爸爸："没关系。"

过了几天，一架新的飞机模型放在我的书桌上。当然，这是爸爸"赔"给我的。

"可是，你又不是故意捣乱弄丢了飞机，不用赔的呀！"我对爸爸说。

爸爸笑呵呵地说："第一，不能欺负小孩子。所以，可以说这是赔给你的。"

他顽皮地眨着眼睛，眨呀眨呀眨，像音符活泼地跳上跳下，像无数星星唱着快乐的歌，他真是一个很好玩的大人，我想。

"第二，很重要的一点——"音符和星星渐渐安静下来，爸爸的眼神变成沉静而柔和的湖，他专注地看着我说，"我的女儿没有因为人家犯错而生气，反倒笑眯眯地安慰人家。身为不小心闯了祸的人，我心里暖暖的。身为爸爸，我感到特别高兴。所以，这也是给你的奖品。"

"噢——爸爸！"我把飞机模型抱在怀里。

我万分高兴，还品出了一些特别的滋味。此时此刻，我心里的感觉，就像爸爸刚才说的那个词：暖暖的。突然，

我的鼻子有一丁点酸。我赶紧瞪大眼睛。

爸爸笑嘻嘻地看着我。他的眼睛又眨呀眨的，像无数星星快乐地又唱又跳。

一个捣蛋鬼爸爸！

我送给他一个大鬼脸。

 牵手阅读

这篇文章最大的特点，就是用生动细致的描写来塑造爸爸的形象：一连串的动词表现出爸爸在球场上的矫健灵敏，由各式各样的小玩意儿和对色彩的关注可看出爸爸是个心细手巧的人，而"赔偿"飞机这件小事更体现了爸爸对女儿的尊重。就像文中说的，爸爸的眼睛里有活泼的音符、快乐的星星，有时他的眼神还会变成沉静而柔和的湖，这些比喻真是可爱又奇妙。你学会这种比喻的方法了吗？

欣赏你的孩子

佚　名

她第一次参加家长会时，幼儿园的老师对她说："你的儿子有多动症，在板凳上连三分钟都坐不了，你最好带他去医院看一看。"回家的路上，儿子问她，老师都说了些什么，她鼻子一酸，差点流下泪来。然而，她还是告诉儿子："老师表扬你了，说宝宝原来在板凳上坐不了一分钟，现在能坐三分钟。其他妈妈都非常羡慕妈妈，因为全班只有宝宝进步了。"那天晚上，她儿子破天荒地吃了两碗米饭，并且没让她喂。

儿子上小学了，家长会上，老师说："这次数学考试，全班50名同学，你儿子排第47名，我们怀疑他智力上有些

打开彼此的心灵之窗

障碍，你最好能带他去医院查一查。"回去的路上，她流下了泪。然而，当她回到家里，却对坐在桌前的儿子说："老师对你充满信心。他说了，你并不是个笨孩子，只要能细心些，就会超过你的同桌。这次你的同桌排在第21名。"

说这话时，她发现儿子黯淡的眼神一下子充满了光芒，沮丧的脸也一下子舒展开来。她甚至发现，儿子好像长大了许多。第二天上学，他去得比平时要早。

孩子上了初中，又一次家长会到来了。她坐在儿子的座位上，等着老师点她儿子的名字，因为每次家长会，她儿子的名字在差生的行列中总是被点到。然而，这次却出乎她的意料。直到结束，她都没有听到儿子的名字。

她有些不习惯，临走前问老师，老师告诉她："按你儿子现在的成绩，考重点高中稍微有点危险。"

她怀着惊喜的心情走出校门，发现儿子在等她。路上，她扶着儿子的肩膀，心里有一种说不出的甜蜜，她告诉儿子："班主任对你非常满意，他说了，只要你努力，很有希望能考上重点高中。"

高中毕业了。第一批大学录取通知书下达时，学校打电话让她儿子到学校去一趟。

她有一种预感，儿子被清华录取了。因为在报考时，

她对儿子说过，她相信他能考取这所大学。她儿子从学校回来，把一封印有"清华大学招生办公室"的特快专递交到她的手里，突然转身跑到自己的房间里大哭起来，边哭边说："妈妈，我知道我不是个聪明的孩子，可是，这个世界上只有你能欣赏我……"

这时，她悲喜交加，再也按捺不住十几年来凝聚在心中的泪水，任它打在手中的信封上……

阳光的味道

牵手阅读

　　文章中的母亲，在每一次家长会后，都将老师的负面评价悄悄咽下，只是一次一次地鼓励儿子，并将他的每一点进步都看在眼里。最终，儿子成功考上了清华大学。试想，若是母亲一味地批评儿子愚钝，打击他的自信心，儿子是否还能够坚持不懈，最终成功？人是社会中的人，因此，他人的欣赏和认同，对于每个人来说都十分重要。文中的儿子明白了母亲的信任和欣赏，便不会妄自菲薄。生活中的我们也要学会欣赏他人，只有这样，才能够得到他人的欣赏和尊重。你的伙伴有哪些值得欣赏的优点？你认为自己有哪些值得欣赏的优点？

从出生起，爸爸妈妈就是我们最亲近的人，这里就有一些给爸爸妈妈的建议，希望我们和爸爸妈妈能够在爱中一起成长。

给父母的十诫

［美］凯文·雷曼

我的手很小。请不要期待我会将铺床、画画或打球这些事做得完美无瑕。我的腿很短，请慢下脚步，这样我才赶得上。

我眼中所看到的世界与你看到的不同。让我安全地探索这个世界。

家事永远也做不完。我当小孩的时间非常短暂，请心甘情愿地利用时间告诉我这个美好世界的一切。

我的感情很脆弱。不要整天对我唠叨（你不会希望人家因为你的好奇心而唠叨不休），用你想要他人待你的方式待我。

我需要在你的鼓励（但不是空洞的奖励）下成长。不要吹毛求疵。记住，你可以挑剔我做的事，而不要挑剔我。

给我自己做决定的自由。容许我失败，这样我才可以在自己的错误中学习。然后，有一天我可以做好准备，做出生命要我做出的决定。

不要过度照顾我，那让我觉得自己的努力达不到你的期望。我知道要这样做很难，但不要拿我与我的兄弟姐妹相比。

不要害怕我离家一周。孩子需要自父母处得到休假，父母亦需要自子女处获得休假。除此之外，那是告诉我们这些孩子，你们的婚姻是一件十分特别的事物。

（佚名 译）

牵手阅读

你们对自己的父母抱有哪些希望呢？不妨讲给爸爸妈妈听。

小学版《语文第二课堂》自2019年出版后，得到读者的广泛好评，为配合市场需求，我们在《语文第二课堂》基础上，根据专家和读者的反馈定制了这一拓展阅读版。这套图书得到了许多作者和译者的帮助，在此一并致谢。部分文章因编选的需要，做了删改，特此说明。虽经多方努力，仍有部分版权所有人未能于出版前取得联系，我们将委托中国文字著作权协会代转稿酬及样书，联系电话：010-65978917。